AF229616

HISTOIRE

DE

NOTRE-DAME D'AFRIQUE

APPEL

DE

MGR L.-A.-A. PAVY

ÉVÊQUE D'ALGER

EN FAVEUR DE CETTE CHAPELLE

QUATRIÈME ÉDITION

PARIS

E. REPOS, LIBRAIRE-ÉDITEUR

DE LA REVUE DE MUSIQUE SACRÉE

DU RÉPERTOIRE DES PETITES MAITRISES

DE L'ILLUSTRATION MUSICALE ET DE LA REVUE LITURGIQUE

70, RUE BONAPARTE

Propriété pour tous pays

APPEL

DE

MONSEIGNEUR L'ÉVÊQUE D'ALGER

EN FAVEUR DE LA CHAPELLE

ET DU PÉLERINAGE

DE NOTRE-DAME-D'AFRIQUE

INTRODUCTION

Appeler tous les fidèles aux pieds de Marie, leur inspirer la plus profonde vénération pour la Mère de Dieu et la plus tendre confiance en la Mère des hommes, telle a été la constante préoccupation de l'Église. Telle fut aussi, telle est encore la correspondance des peuples chrétiens à des vœux si légitimes que, partout et toujours, le nom de la très-sainte Vierge est entré, après celui de Jésus, dans les témoignages de leur foi et de leur espérance. On n'élève pas un temple en l'honneur du Fils, sans y réserver une chapelle à la Mère, et d'innombrables basiliques ont été placées et se placent tous les jours sous son gracieux vocable.

Mais, en dehors des églises paroissiales, où s'accomplissent les principaux devoirs de la vie surnaturelle, un doux instinct de piété a choisi, loin du bruit, loin de l'habitation des hommes et le plus souvent au sommet des montagnes, des lieux écartés pour y dresser des sanctuaires entièrement consacrés à sa gloire.

1864

1

Là, se sont formés librement et par suite de rendez-vous pieux, des centres de lointains pélerinages. En les établissant à distance sur toute la surface de la terre, l'humanité agit-elle en aveugle? Les pélerinages ne fussent-ils pas un fait d'ordre universel, antérieur au christianisme, pratiqué par les Juifs, par les païens et par les musulmans, Nous le demandons: l'humanité prise dans le sens élevé du catholicisme, n'a-t-elle pas reçu de l'Évangile de nouveaux instincts, d'invincibles aspirations qu'on dirait être l'expression spontanée, mais intelligente du bon sens divin? Quelle est, en effet, la raison de cette conduite partout et toujours la même, si ce n'est d'affirmer, avec plus d'éclat, le droit de Dieu et, ici en particulier, un religieux dévouement envers Marie, de rendre, en l'élevant le plus haut possible sous le ciel, son image visible à tous les regards, son souvenir présent à tous les esprits, et, enfin, d'aller se recueillir plus profondément dans son invocation? De ces pélerinages innombrables, qui serait donc capable de redire l'histoire, presque toujours miraculeuse, ou même de réciter les noms si gracieux? Vous connaissez les plus célèbres.

Plaçons à la tête de tous Sainte-Marie-de-Bethléem ; Notre-Dame-de-Lorette, en Italie ; Notre-Dame-du-Mont-Carmel, en Syrie ; en Espagne, Notre-Dame-du-Pilier, Notre-Dame-d'Atocha, Notre-Dame-du-Mont-Serrat ; en France, Notre-Dame-de-la-Garde, Notre-Dame-du-Laus, Notre-Dame-du-Puy, Notre-Dame-de-Fourvières, Notre-Dame-de-Liesse, Notre-Dame-de-Bon-Secours, Notre-Dame-de-Chartres ; en Allemagne, Mariazell ; en Suisse, Notre-Dame-des-Ermites ; en Portugal, Notre-Dame-de-Lumière ; ce sont autant de sanctuaires fréquentés par des foules innombrables, et l'antiquité de leur fondation ne fait qu'ajouter un prestige de plus à la vénération qui les entoure.

Sainte église de Fourvières ! ma pensée se reporte instinctivement vers toi. Élevé au pied même de ta colline, ton souvenir m'accompagne partout. Je crois entendre, d'ici, le son de ta cloche villageoise qui, chaque matin, m'annonçait le réveil et berçait, tous les soirs, le sommeil de mon enfance. Je vois pointer vers le ciel ton humble clocher, et tes deux vieilles nefs s'emplir de flots sans cesse renaissants des foules attendries ; j'aperçois ta Madone chérie et le doux enfant qu'elle porte dans ses bras, me souriant, dans mes anxiétés, de leurs plus suaves regards. Que d'heureux instants j'ai passés dans ton sanctuaire ! Que de charmes j'y ai goûtés ! Que de grâces j'y ai reçues ! En suis-je sorti une seule fois sans me sentir l'envie d'être meilleur et sans en rapporter sérénité dans l'esprit, calme dans le cœur, dévouement au devoir, résignation dans les peines, et plus tendre affection pour tous ? Aujourd'hui qu'un lointain apostolat a placé entre tes saintes murailles et ma filiale dévotion de si longues distances, je me console en pensant à toi, sainte chapelle ! et, tu le sais bien, jamais les devoirs de ma charge ne m'appellent à traverser *la cité des martyrs et des aumônes* [1], sans que j'aille me prosterner devant ta statue de Marie et offrir à son autel le sacrifice de mes louanges. Oh ! que je serais heureux de pouvoir transporter sur la terre d'Afrique une part de la dévotion de ton antique et vénérable pélerinage [2] ! Un autre Fourvières, auprès d'Alger ! Cette idée me fait tressaillir d'émotion, et mes yeux se mouillent d'affectueuses larmes. Quelque chose me dit au fond de l'âme que ce n'est pas là seulement un rêve !!! Salut donc à toi, Notre-Dame-de-Fourvières ! A vous également salut, bienheureuse église de Notre-Dame-de-Lorette, où j'ai pu verser le tribut de ma foi et de ma confiance en Marie, là même où, dans son sein, le Verbe de Dieu se fit chair ! Salut à vous, Notre-Dame-de-la-Garde, à qui je confiai plus d'une fois le succès de ma route à travers les flots ! Salut à vous, pieux ermitage de Notre-Dame-des-Cabanes, que par trois fois j'ai visité, dans les grands bois de la Chartreuse [3]. A vous toutes, salut, saintes églises de la Vierge, où sa protection toute-puissante a enfanté et enfante chaque jour des merveilles !

[1] Lyon.

[2] Depuis la première édition de cet Appel, notre vœu s'est complètement réalisé.

[3] La grande Chartreuse, à quelques lieues de Grenoble.

Nous le savons, les prétendus sages demandent si les pèlerinages ont une raison d'être, et comment il se peut que la prière venant du cœur, soit plus puissante en un lieu qu'en un autre ? Nous leur répondrons avec l'Église: que les pèlerinages aient une raison d'être, il le faut bien, puisqu'ils existent depuis les temps les plus reculés ; le temple de Jérusalem n'était-il pas un lieu de pèlerinage pascal ? Si Dieu est le maître de l'espace, comme il est le maître du temps, pourquoi ne se réserverait-il pas certains lieux, comme il s'est réservé certains jours, pour les rendre saints et sacrés, pour en faire le *lieu* particulier *de son habitation et de sa gloire.* [1] ?

Il est incontestable que Dieu s'est plu « à choisir, dans chaque pays, quelques sanctuaires pour y faire *éclater*, par des marques plus sensibles, sa puissance et sa bonté. Dans la plupart des cas, les motifs de ce choix restent voilés pour nous. Il en est, à cet égard, du monde surnaturel comme du monde matériel. Pourquoi Dieu a-t-il disposé le jeu des causes physiques de telle sorte que ces sources d'eau si salutaires, qui sont comme les remèdes préparés par la nature pour les infirmités des hommes, fussent le privilége de certains points du globe, à l'exclusion de tous les autres ? La raison de ce fait se cache dans les mystères primitifs de la création. De même, pourquoi a-t-il voulu que les principes de la vie spirituelle eussent à quelques égards, dans certaines églises, une vertu plus active, plus efficace pour le soulagement de nos misères ? Pourquoi y a-t-il placé ce qu'on pourrait appeler les eaux thermales de la grâce ? C'est un des secrets du plan divin, suivant lequel les bienfaits de la Rédemption se distribuent sur la terre. Tout ce que nous pouvons dire, en général, c'est que ce fait mystérieux parait être une continuation de ce qui s'est vu jadis dans l'enceinte de la Judée, lorsque le Sauveur en visitait les villes et les bourgades. Depuis qu'il est tout à la fois invisible et présent dans son Église, il reproduit, à quelques égards, la marche qu'il a suivie pendant

---

[1] Locum habitationis gloriæ suæ.

qu'il était présent d'une manière visible au milieu des hommes. On voit, par les récits de l'Évangile, qu'il a témoigné une sorte de préférence pour certaines localités. Il les a marquées du sceau de ses paroles et de ses miracles. C'était souvent des lieux obscurs, sans renom jusqu'alors. Souvent aussi, il choisissait des endroits écartés, solitaires, pleins de silence et de recueillement. Il aimait particulièrement à prier sur les montagnes, là où le corps est élevé au-dessus des bruits de la terre, comme l'âme doit s'élever au-dessus de toutes les futilités du monde. Ces caractères topographiques se retrouvent, au moins en partie, dans la plupart des sanctuaires, des ermitages pieux qui sont, en chaque pays, de merveilleux foyers de grâce et de piété. L'Église catholique, répandue partout, est devenue un Israël immense, une Judée universelle, où la salle de Cana, la maison de Zachée, le puits de la Samaritaine sont suppléés, en quelque sorte, pour chaque contrée, sous d'autres noms et sous d'autres formes, par de saintes demeures où Jésus-Christ fait aussi sentir, plus vivement que dans d'autres lieux, sa présence par ses bienfaits. Voilà sous quel point de vue nous pouvons concevoir cet ordre de prérogatives locales dans l'empire de la grâce» . Il existait déjà, quand la foi semblait porter uniquement sur le dogme d'un Dieu immatériel ; nous venons de le voir pour les Juifs, avant la venue de Jésus-Christ ; il est bien plus explicable aujourd'hui. « Le christianisme, en effet, repose sur le dogme de Dieu fait homme, du Verbe fait chair. L'Homme-Dieu a été en contact avec les lieux. Dans sa marche, à travers la Judée, il a voulu en favoriser quelques-uns, durant le cours de quelques années ; il continue le même ordre dans son Église, jusqu'à la consommation des siècles, et les lieux où se montrent plus particulièrement les signes de sa miséricordieuse assistance, sont comme les vestiges de sa marche à travers le monde [1]. »

L'expérience l'atteste : les pélerinages quand ils se font avec un véritable esprit de foi, réveillent la piété, brisent la routine

[1] Mgr Gerbet.

et créent une pieuse diversion, qui retrempe l'àme, si prompte à s'affadir et à s'affaisser sur elle-même. Quel est celui qui ne l'aurait pas éprouvé, au moins une fois dans sa vie? On prie mieux et avec plus de suavité, le cœur se dilate plus naturellement, les larmes coulent plus vite, on se sent plus tôt consolé et fortifié dans ces silencieuses chapelles, oasis de la paix, auxquelles on arrive, non sans fatigue, et dont on vient, à certaines heures de l'àme, goûter le recueillement et la solitude. On dirait que Dieu y est plus près de nous, sans doute parce que nous nous y tenons plus près de lui. Là rien ne distrait, même pieusement: ni les bruits du dehors, ni le mouvement des cérémonies, qui, dans les églises paroissiales, marquent à toute heure, les phases diverses de la vie: ni le baptême, ni le catéchisme, ni la première communion de l'enfant, ni l'alliance des époux, ni les funérailles du défunt, ni les offices qui en perpétuent le souvenir, ni les fêtes nationales, ni les réunions des confréries ou associations de toutes natures appelant sur leurs œuvres la bénédiction d'en haut; en un mot, rien de ce qui porte avec soi le cachet d'une pensée qui n'est pas celle de la prière intime, rien même de bruyamment religieux ne franchit le seuil du béni sanctuaire. L'àme y est toute à elle-même, comme elle y est toute à Dieu. Là, enfin, nulle voix qui ne monte au cœur, nul écho qui n'arrive du ciel. Et comme il s'y montre libéral, le ciel!

Avons-Nous, en effet, besoin de le dire, puisque c'est un fait universel? les prodiges de tout genre abondent dans les sanctuaires de pélerinage. Les guérisons miraculeuses, les soulagements vainement cherchés ailleurs, les conversions inespérées, les gràces d'élite obtenues, consacrent, à travers les siècles, une forme de dévotion à Marie, qui accueille et comprend toutes les autres, parce que toutes y sont pratiquées, sinon avec pompe, du moins avec amour.

C'est précisément là que se trouve la vertu des pélerinages, parce que le cœur s'y porte avec plus d'entrain et plus de ferveur. Nous ajouterons que l'instinct des peuples catholiques, lorsqu'il est autorisé et même encouragé par l'Eglise, a plus de valeur à nos yeux, que le meilleur raisonnement ; que les faits viennent tous les jours à l'appui de la dévotion que nous préconisons ; que la naïve joie des enfants, que le recueillement des mères, que la guérison des malades, que la consolation des affligés, que la conversion des pécheurs, que la préservation d'une multitude de maux, que la délivrance au milieu des dangers, que les *ex-voto*, qui attestent la reconnaissance des foules sont d'assez beaux témoignages du prix d'une religieuse institution, pour que des hommes graves s'abstiennent d'en discuter la convenance ; enfin, nous leur dirons que s'il plaît à Dieu, le souverain de la terre, de choisir des sanctuaires particuliers, pour y répandre ses faveurs les plus signalées, la prudence exige qu'au lieu d'en nier aveuglément la réalité, ou aille avec empressement les y recueillir pour soi-même et pour les siens.

A moins de rompre avec cet instinct général de la piété catholique, ne faut-il donc pas songer à lui donner une satisfaction en Algérie ? Ne convient-il pas de jeter, d'une rive de la Méditerranée à l'autre, ce fil électrique de la dévotion à la Mère de Dieu et des hommes ? En regard du pélerinage de Notre-Dame-de-la-Garde, ne faut-il pas dresser un pélerinage à Notre-Dame-d'Afrique ? C'est nous mettre en communication plus intime avec la tradition du monde entier ; c'est établir un lien de plus entre notre Église, jeune conquête de la Croix, et l'ancienne et toujours jeune Église de la Métropole ; c'est étendre à l'Algérie le vœu de Louis XIII, qui a choisi Marie pour patronne de la France. De même qu'avec la France, nous célébrons l'Assomption de Marie, comme notre fête nationale, ne devons-nous pas, comme la France, dresser notre pélerinage à Marie ?

Mais sortons de ces généralités ; car nous avons à dire des choses, sinon plus rigoureusement logiques, au moins plus particulières et plus propres à saisir les esprits.

Ce n'est pas que déjà, plus d'une fois, Nous ne les ayons exposées du haut de la chaire et du haut de la montagne qui est devenue le piédestal du saint édifice ; mais Nous croyons devoir les reproduire et les développer amplement pour ceux de nos diocésains auxquels n'est point encore arrivée notre parole, et pour ceux qui, en France, en Europe et ailleurs, ont le sentiment des nobles desseins et leur prêtent volontiers un généreux concours. Cet Appel, en effet, s'adresse, non-seulement à l'Algérie, mais encore à toutes les âmes chrétiennes, à toutes celles qu'émeut le souvenir d'immenses bienfaits, à toutes celles qui comprennent le miracle de la renaissance du Christianisme en Afrique, à toutes celles, enfin, qui, dans le monde catholique, ont, comme nous, foi dans son avenir. Car c'est une des fortunes de ce beau pays, d'intéresser, par des côtés qui semblent exclusivement lui appartenir, l'ordre général tout entier; tant la grandeur de ses destinées se trouve liée par le souvenir et par l'espérance aux destinées de l'Europe et du Catholicisme ! Il y a partout des échos dans l'humanité, lorsqu'on fait retentir à ses oreilles les mots sacrés de reconnaissance, de gloire, de liberté, de civilisation, de conquête ; essayons de réveiller ces échos. Nous dirons, dans une première partie, pourquoi Nous voulons élever, auprès d'Alger, une chapelle de pélerinage en l'honneur de Marie ; dans une seconde, Nous exposerons ce qui a été fait déjà et ce que nous allons faire encore pour la réalisation de notre projet.

PREMIÈRE PARTIE

MOTIFS DE L'ÉRECTION AUPRÈS D'ALGER

D'UNE

CHAPELLE DE PÉLERINAGE EN L'HONNEUR DE LA SAINTE-VIERGE

En dehors des motifs ordinaires de la religion, qui a consacré tant de monuments à Marie, serait-il impossible d'en découvrir de spéciaux à l'Algérie et qui offrent en même temps un intérêt pour ainsi dire universel ? un coup-d'œil profond sur son histoire, sur son état présent et sur son avenir fournira la réponse à cette question. Dans notre conviction, le passé de l'Afrique demande un trophée de reconnaissance envers Marie, le présent exige une haute manifestation de foi et de moralité par l'exaltation de sa gloire, l'avenir appelle un gage de plus de religieuse confiance en elle ; un sanctuaire de pélerinage, établi sous son gracieux vocable, donnera satisfaction à ce triple besoin.

Aux yeux de l'humanité, le culte des souvenirs est une chose sainte, aux yeux du Christianisme, c'est une chose sacrée ; car pour lui, comme pour Dieu, rien ne meurt. En remontant le passé de l'Afrique pour y retrouver des motifs de reconnaissance envers Marie, nous pourrions reporter notre pensée jusqu'à la primitive Église ou du moins jusqu'à l'époque byzantine, qui nous offrirait les trois belles églises érigées, par ordre de l'empereur Justinien, à Carthage, à Leptis et à Ceuta, en l'honneur de la Mère de Dieu. Sans exclure ces temps, que nous avons récemment fait connaître sous ce rapport particulier [1], nous choisirons de préférence les siècles malheureux où, par

---

[1] Ce travail a pour titre : *Recherches sur le culte de Marie, en Afrique, depuis les commencements du Christianisme jusqu'à* 1830.

suite de l'invasion arabe, le nom chrétien sembla totalement effacé de l'Afrique et surtout de la contrée que nous appelons aujourd'hui l'Algérie. C'est l'époque à laquelle Marie verse sur elle des torrents de consolations et de bienfaits, qui, pour se produire sur ces rives barbares, n'en ont pas moins pour but le soulagement de toute la chrétienté ; bienfaits d'un ordre supérieur à tout ce qu'on vit jamais nulle part, bienfaits dont la suite se déroule, comme les anneaux d'une longue chaîne de miséricorde, pendant plus de six cents ans [1], pour venir se nouer à la glorieuse date algérienne de 1830.

S'il est quelque chose de triste à considérer dans le passé de l'histoire européenne, c'est le règne de la piraterie musulmane, si longtemps, si honteusement subie par les puissances de la chrétienté.

Dès l'an 698, au dire de quelques auteurs, la piraterie se montre au Maroc, sous la bannière de Ben Chapella [2], qui, depuis cette époque, ne cessa d'avoir de dangereux imitateurs.

A la fin du onzième siècle, Pierre-l'Ermite fit de l'esclavage en Orient des tableaux qui enfantèrent les croisades.

Le douzième fut tellement ému de la continuelle apparition des corsaires, qu'il en sortit les deux œuvres admirables de la Trinité et de Notre-Dame-de-la-Merci.

En 1390, la nécessité de la défense amena l'expédition du duc de Bourbon, qui ouvrit la voie des répressions momentanées ; mais ces répressions n'aboutissaient qu'à rendre plus audacieux les corsaires et plus malheureuses encore leurs victimes.

En 1670, le célèbre Mascaron parlait ainsi : « Pour trouver ces temps malheureux de la piraterie, il ne faut pas remonter plus haut que de dix ou douze années, où les armements de mer, négligés, pour d'autres soins, exposaient toutes nos côtes et toute la mer Méditerranée aux incursions des infidèles. Vous l'avez ouï dire, vous l'avez appris par des relations. Hélas ! je l'ai vu de mes propres yeux. Quand je me souviens qu'il n'arri-

---

[1] L'Ordre de la Trinité date de l'an 1198.
[2] Dan. 18.

vait point de vaisseau dans nos ports qui ne nous apprît la perte de vingt autres ; quand je songe qu'il n'y avait personne qui ne pleurât ou un parent massacré, un ami esclave, ou une famille ruinée ; quand je me rappelle, dans ma mémoire, l'insolente hardiesse avec laquelle ils faisaient des descentes presque à la portée de notre canon, où ils enlevaient tout ce que le hasard leur faisait rencontrer de personnes et de butin ; que les promenades sur mer n'étaient pas sûres ; qu'on craignait toujours que, de derrière les rochers, il ne sortît quelque pirate ; quand je me représente les cachots horribles d'Alger et de Tunis remplis d'esclaves chrétiens, et de Français plus que d'autres nations, exposés à tout ce que la cruauté de ces maîtres impitoyables leur faisait souffrir, ou pour ébranler leur foi, ou pour les obliger à grossir le prix de leur rançon ; quand je me rappelle toutes les railleries sacriléges et piquantes que faisaient ces insolents, d'un Dieu et d'un roi, qui défendaient si mal, l'un ses adorateurs et l'autre ses sujets, mon imagination me rend ces temps malheureux si présents, que je ne puis m'empêcher de m'écrier : *Usquequo, Domine, improperabit inimicus ?* [1]. »

Figurez-vous, en effet, des nuées de vautours s'élançant du haut de leurs immondes repaires, fondant sur leur proie, la saisissant avec leurs serres, mêlant les cris d'une joie féroce à ses cris plaintifs, et l'emportant dans leur aire, pour la torturer et se repaître, goutte à goutte, de son sang. Cette image n'a rien de forcé, la réalité même l'emporte sur la figure. A toute heure, il partait d'Alger, de Tunis, de Salé, de Tripoli, de Tétouan, de Tanger, des vaisseaux armés en guerre, montés par ce que le fanatisme, la cupidité, l'audace, la force et l'habitude du triomphe ont de plus déterminé. Ils allaient, infestant la Méditerranée, l'Adriatique et les bords de l'Océan, abordant quelquefois jusqu'en Angleterre, en Irlande, et même jusqu'en Islande ; ils livraient, à tout navire chrétien qu'ils rencontraient sur les flots, des combats à outrance, capturaient à terre tout ce qui tombait

---

[1] Oraison funèbre du duc de Beaufort.

sous leurs mains, et ramenaient dans leurs sauvages capitales, vaisseaux, hommes et dépouilles, qu'ils se partageaient en toute propriété.

Il y avait deux classes d'esclaves chrétiens : ceux du Beylik, qui appartenaient au dey, à titre de huitième des prises, et ceux des particuliers. Les bagnes d'Afrique regorgeaient de captifs, marqués au sceau du baptême. La seule ville d'Alger, avec sa banlieue, en comptait, dans la première partie du XVIIe siècle près de 25,000 [1]. C'étaient des Français, des Espagnols, des Anglais, des Italiens, des Styriens et même des Russes. Parmi les Français rachetés, dont les noms se trouvent sur les listes de *la Rédemption*, on en voit, non-seulement de la Provence, du Languedoc, des côtes de l'Océan et de la Manche, mais encore de Paris, de Lyon, de Lille, de Rouen, de Limoges, d'Aurillac, de Chartres, de Strasbourg, en un mot, de presque toutes les villes de France. D'illustres personnages s'y trouvent confondus avec la foule obscure des esclaves ; il suffit de rappeler Saint-Vincent-de-Paul, Michel Cervantès, Regnard, Arago, Bruat. En 1649, le père Dan estimait à un million le nombre des captifs chrétiens réduits en esclavage par les corsaires africains, depuis le commencement de la piraterie. Il faut donc y ajouter les captifs faits pendant 181 ans, pour arriver au chiffre total, en 1830. Ce chiffre doit être immense. Depuis Louis XIV, c'est-à-dire, depuis les progrès de notre marine, le nombre des esclaves alla cependant en diminuant. Dans le bagne du dey, le nombre des esclaves était, en 1767, de 2,662 ; c'est le chiffre le plus élevé ; en 1740, il n'était que de 442. De 1807 à 1817, le maximum fut de 1665. C'est une moyenne de plus de mille esclaves. Or, le dey n'avait qu'un huitième et souvent qu'un dixième des prises. Ce serait donc au moins huit à dix mille esclaves que la ville d'Alger et sa banlieue, comptait encore, avant 1830. — Passanti, esclave, en 1814, n'en compte pourtant que 6,000 [2]. En 1830, il n'y en avait plus que 500 dans Alger.

[1] Dan. *Hist. de Barbarie*. Liv. 3, p. 318.
[2] *Relation d'un séjour à Alger*, traduit de l'anglais. Paris 1820.

Nous pourrions nous arrêter sur les pertes de l'industrie et du commerce ; un seul fait en donnerait la mesure. Au milieu du XVIIᵉ siècle, on estimait à plus de vingt millions, somme énorme pour l'époque, la valeur des objets capturés, dans un espace de vingt-cinq ou trente ans, par les seuls pirates algériens [1]. Mais un plus haut intérêt sollicite notre attention.

Le sort des esclaves nègres était réglé par le Koran, et, si l'on en peut juger par ce que nous avons vu de nos yeux avant 1848, époque de leur affranchissement légal, leur captivité n'était pas trop cruelle. L'intérêt des maîtres, s'ajoutant aux prescriptions de la loi, répandait sur leur triste sort une certaine familiarité domestique qui en atténuait la rigueur. A titre de coreligionnaires, ils avaient droit à certains égards. En était-il de même des esclaves chrétiens, comme on l'a prétendu [2] ? L'histoire n'a qu'un cri pour répondre : non.

« S'il y a, disait Bossuet, quelque chose au monde, quelque servitude capable de représenter à nos yeux la misère extrême de la captivité de l'homme sous la tyrannie des démons, c'est l'état d'un chrétien captif sous la tyrannie des Mahométans; car sa foi n'est pas moins en péril que sa vie [3]. » Plusieurs écrivains

---

[1] Dan, *Hist. de Barbarie*, Liv. 3, p. 317.

[2] Dans son livre sur Tunis, M. H. Dunant dit que l'esclavage y était fort doux chez les Musulmans ; il a sans doute, confondu les esclaves nègres ou musulmans avec les esclaves chrétiens. Les premiers étaient traités comme des domestiques ; les seconds, comme des ennemis. Qu'on lise Haëdo, le P. Dan, les Relations des Rédempteurs, témoins oculaires, Cervantès et Passanti, tous deux esclaves, l'un en 1575 et l'autre en 1814, et l'on saura ce qu'était, malgré les beaux textes du Koran, l'esclavage des Chrétiens, esclavage que Bossuet a défini : la seule servitude capable de représenter celle de l'enfer. Rien ne prouve qu'il en fût, à Tunis, autrement qu'à Alger. Je remarque cependant, cette parole du P. Dan: « A Tunis, les religieux et les prêtres y sont plus libres qu'en aucun lieu de toute la Barbarie et l'exercice de la religion chrétienne y est souffert avec moins d'incommodité. » *Hist. de Barbarie*, liv. V. p. 431.

[3] Bossuet, *Panégyrique de Saint-Pierre-Nolasque* : exorde. Le Père Dan, *Hist. de Barbarie*, Liv. 5, et Passanti emploient la même comparaison pour dépeindre l'état des esclaves ; ce dernier ajoute, page 133, que « de tous les êtres qui souffrent, les chrétiens esclaves chez les Barbares-

nous ont laissé cette effroyable peinture ; c'est à faire dresser les cheveux sur la tête. Exposition publique dans un état complet de nudité, vente à prix d'argent, envoi sur les galères pour y manier la rame dans les expéditions contre les Chrétiens, travaux excessifs et vils dans la cité et dans les campagnes [1] ; pour nourriture dix onces de pain, de l'eau et du vinaigre ; pour logement, un bouge bas et sombre et souvent la cale d'un vaisseau ; pour vêtement, d'ignobles haillons couvrant à peine le corps, et, quand le travail cesse ou qu'il le permet, de lourdes chaînes aux pieds, et le silence le plus rigoureux entre compagnons d'infortune ; les plus grossières injures, prodiguées avec le plus insolent mépris ; les femmes, les enfants et les jeunes gens, tristes jouets de passions abominables ; à la moindre faute d'oubli ou de légèreté, d'horribles châtiments, suivant le caprice et la cruauté du maître, et toute résistance à ces horribles traitements est punie de mort. Tantôt on frappait les esclaves à coups de pierres, de couteaux ou de bâtons, sur les pieds, sur le dos ou sur le ventre ; on leur bâillonnait la bouche, on leur brisait les dents, on leur coupait le nez et les oreilles ; on les attachait, pour les traîner par les rues, au cou ou à la queue d'un cheval ; on les rompait, on les brûlait ou on les empalait ; on les roulait dans des tonneaux remplis de clous ; tantôt on leur entrouvrait les épaules à coups de hache ou de rasoir, et, dans ces plaies béantes, on faisait fondre de longs flambeaux de cire allumés.

Dans leurs bagnes, les deys eux-même prenaient plaisir à ces raffinements de tortures. « Notre courage s'épuisait, dit l'immortel Cervantès, à la vue des cruautés que Hassan exerçait dans son bagne. Tous les jours un supplice nouveau ; tous les jours un captif était suspendu au croc fatal, un autre était empalé, un

---

ques sont les plus à plaindre. » L'amiral Bruat dit aussi, en parlant de sa captivité à Alger, en 1830 : « Cayenne et le bagne sont de vrais paradis, en comparaison de l'ancien bagne algérien. » *Trois mois de captivité, etc.*

[1] Le Père Dan entre dans un détail complet des divers genres de travaux auxquels sont soumis les esclaves (Liv. 5, ch. 6 et 7); c'est le programme le plus complet du valetage ignoble, sans rétribution et sans contrôle.

troisième avait les yeux crevés, et cela sans motif, uniquement pour satisfaire à la soif du sang, qui était naturelle à ce monstre, et qui inspirait même de l'horreur aux bourreaux qui le servaient [1]. »

En dehors de ces tortures extraordinaires, les plus durs travaux étaient le partage des esclaves chrétiens. Ils portaient les bagages aux camps, travaillaient aux remparts, trainaient les charrettes remplies de matériaux, construisaient et démolissaient. On autorisait ceux qui ne pouvaient trouver l'emploi de leur temps dans ces travaux à se louer à des particuliers ; dans ce cas, les deux tiers de leur salaire appartenaient à la Régence, le tiers seulement leur restait acquis. Tous les esclaves du deylik portaient un anneau de fer au pied, et recevaient, pour toute nourriture, trois petits pains par jour [2]. Ceux-là aussi étaient surmenés de travail et logés dans des cellules basses, sombres, malsaines, infectées de vermine, d'insectes et de scorpions. Dans le bagne d'Ali-Pekkini, on ne donnait rien à manger aux esclaves, au dire de l'un deux, d'Aranda ; et les malheureux étaient obligés de vivre de maraude, de la pitié publique, de ce qu'ils avaient pu dérober à la cupidité des forbans, au moment de leur prise ou de quelques aumônes venues de leur lointaine patrie.

Pour ne pas trop vous faire perdre de vue notre sujet, nous renvoyons, à la note placée au bas de la page, les détails plus circonstanciés que nous a laissés un autre témoin oculaire [3], le

---

[1] *Don Quichotte*, 1re partie, dans la nouvelle intitulée · *Le Captif*.

[2] En 1814, l'assanti dit deux biscuits bien noirs. « Il est d'usage, ajoute t-il, que chaque année, cent ou deux cents esclaves meurent des suites du manque de nourriture. »

[3] Le père Dan, religieux trinitaire, raconte ainsi les tourments auxquels les Musulmans soumettaient, à Alger, les esclaves chrétiens.

» Les Barbares ont de grands crocs de fer en langue de serpent, qu'ils appellent des *Ganches*, en langage franc, qui sont attachés dans les murailles, et aux portes des villes, où ils accrochent ceux qu'ils veulent faire mourir, les éleuant tout nuds, les mains liées derrière le dos, et les faisant tomber dessus, où ils s'enferrent, tantost par le ventre, tantost par l'épaule, ou par une autre partie du corps, et les laissent ainsi mourir en langueur.

Père Dan, rédempteur, qui avait également visité Alger et Tunis.

Ajoutez à ces tortures, la sépulture sans honneur et la cérémonie même des funérailles exposée à l'outrage, et il vous sera facile de comprendre l'état d'abattement et de prostration morale

» Ils attachent vn esclaue par les pieds et par les bras à quatre nauires, prenant leur route en quatre différents endroits : et ainsi ils écartellent, et mettent en pièces les pauures chrestiens captifs. Quelquesfois aussi les ayant attachéz aux antennes du nauire, ils les percent et les tuent à coups de flèches.

» Enfermant ceux qu'ils ont destinez à la mort dans de grands sacs bien cousus, ils les font jeter dans la mer, où ils voguent quelquesfois au gré des ondes, et enfin se noyent.

» Ils vsent du supplice du feu, brûlant tout vif le patient, qu'ils attachent nud à vn poteau auec vne chaîne de fer. Et ce feu, qui n'est que de petit et menu bois de deux pieds de hauteur, rangé en rond, peut auoir vingt-cinq ou trente pieds de diamètre. Or, ce qu'ils mettent le patient au milieu est afin de le faire languir dauantage.

» Ils se seruent du supplice de la croix en deux façons ; l'vne mettant le patient sur vne eschele, où ils le clouent pieds et mains sur les deux branches de l'eschele, et le laissent ainsi languir. Il s'en est veu qui ont vescu en cet estat trois ou quatre jours, sans qu'il fût permis à aucun de les assister. L'autre manière est, qu'ils font coucher le patient sur une croix en forme de celle de S. André, puis l'exposent ainsi à l'entrée des portes de la ville, afin qu'il soit en veüe, et en spectacle à tout le monde.

» Ils pratiquent vne autre sorte de supplice, qui est qu'ils ouurent auec vn rasoir les épaules du patient, droit à la jointure, puis y mettent de gros flambeaux de cire tous ardents, qu'ils laissent là brûler et consommer, après auoir bien lié le patient, qui meurt misérablement, et de douleur et de faim. Ils l'enferment entre quatre petites murailles jusques aux épaules, ou dans une fosse, qu'ils remplissent de terre, et le laissent ainsi languir plusieurs jours, jusques à ce que tous ses membres se pourrissent.

» Quelquesfois ils vsent d'un grand tonneau plein de clous, et mettant dedans ceux qu'ils y ont destinez, ils prennent plaisir à les faire rouler jusques à ce que les douleurs et la faim les facent mourir.

» L'empalement est le genre de supplice qui leur est le plus ordinaire faisant asseoir le patient sur vn pieu pointu, qui entre par le fondement, et qu'ils font sortir de force, tantost par le gosier, et tantost par les épaules.

» Leur cruauté va jusques à ce poinst que, d'en faire écorcher plusieurs tous vifs.

» Leur inhumanité leur fait pratiquer encore vn autre tourment, qui est d'attacher le patient à la queuë d'un cheual, la face tournée vers la terre qu'ils touchent alors à coups de foüet, le traisnant en cet estat par

dans lequel se trouvaient la plupart des esclaves ; à force de
dégradation matérielle, un grand nombre arrivait peu à peu à
la dégradation morale, et à une sorte *d'abêtissement* qui ne lais-
sait plus dans l'âme ni fibres, ni ressort, ni dignité, ni courage.

toute la ville, et par les lieux les plus raboteux, jusques a ce qu'il en
meure, tout rompu et brisé.

» Ils ordonnent quelquesfois vne punition de cinq ou six cents coups
de baston, et souuent aussi ne spécifient point le nombre, continüant ce
tourment jusques à ce que la mort s'en ensuive, jusques à y employer
les bras de plusieurs valets du Mesüar. Où il faut remarquer que ce supplice de bastonnade n'est point infame parmy les Turcs, et notamment
en Alger, où assez souuent le Diuan ordonne qu'vn des officiers de ce Con-
seil d'Estat, aura tant de coups de baston pour quelque faute commise,
sans que toutes fois celuy qui aura receu cette libéralité de coups, laisse
de demeurer pour cela dans les mêmes grades et honneurs qu'il auoit
auparavant cette disgrâce. J'ay conneu en Alger vn *Bovlovc Baschi*, officier
de ce Diuan, qui auait ainsi esté traité.

» L'vsage d'étrangler est pareillement en pratique parmy eux, mais ce
n'est qu'enuers les Turcs seulement, qui mènent pour cet effect le criminel
en quelque BAGNE : et là sans autre cérémonie luy mettant la corde au col,
ils le font étrangler par un esclaue, auec un baston qu'il tourne, ayant une
corde attachée au col du patient.

» Ils en condamnent quelques-uns à estre rompus tous vifs : Ce qu'ils
pratiquent ainsi. Le Mesüar ou le Bourreau les ayant couchez par terre,
leur rompt les bras et les jambes, auec vne masse de fer, ou vn leuier, et
les laisse mourrir en ce piteux estat.

» Le Menu peuple irrité a souuent recours aux pierres et aux caillous
dont il se sert pour décharger sa rage sur les pauures esclaues.

» Il s'en voit encore quelques-vns parmy ces barbares, qui, transportez
de fureur, pendent leurs esclaues par les pieds, auec des cordes attachées
au plancher, puis leur arrachent les ongles, et leur versent de la cire toute
ardente sur la plante des pieds.

» Ce leur est vne chose assez commune, quand ils sont yvres, et en
mauuaise humeur, de décharger leur colère sur les esclaues, et de les
frapper à coups de cousteau.

» Il y en a d'autres qu'ils font mourir sur vn canon chargé, auquel ils
mettent le feu ; ou bien ils les exposent à la bouche du canon mesme.

» Pour rendre mécognoissables ceux qui releuent de leur barbarie, ils se
portent assez souuent aux extrémitez de leur couper cruellement le nez.

» L'inimitié qu'ils ont naturellement contre les pauures captifs, les rend
si fort insensibles à la pitié, qu'ils les laissent languir quelquesfois, et
mourir de faim.

» Enfin pour ne mettre en ligne de compte vne infinité d'autres barba-

Quelques-uns, plus impatients d'un joug affreux, cherchaient à rompre leurs chaînes ; mais outre l'impossibilité de franchir la mer ou de se dérober sur terre aux poursuites acharnées de leurs maîtres, les plus grandes précautions étaient prises pour empêcher toute tentative d'évasion. Si, malgré cela, quelques-uns parvenaient à s'échapper et qu'on les reprît, ce qui était ordinaire, on les brûlait vifs après les plus inimaginables supplices.

En regard de ces traitements et de ces gênes, le fanatisme musulman exerçait le plus violent prosélytisme. Ce n'était pas avec des raisonnements qu'il s'essayait, c'était avec l'artifice et la cruauté qui ont tant de prise sur des hommes à demi-vaincus par les horreurs de l'exil et de la captivité. On cherchait de préférence, pour les séduire, les enfants, les jeunes gens et les femmes. Appât de l'or et de la liberté, piéges voluptueux [1], surprises par l'ivrognerie, tels étaient les moyens de conversion ; et, quand ces moyens échouaient contre la fermeté des pauvres captifs, il n'est sorte de tourments qu'on n'inventât pour les en punir. Les plus âpres à la vengeance étaient les rénégats qui, en perdant la foi, semblaient avoir perdu tout sentiment d'huma-

---

ries, je concluray par celle-cy, qui est d'obliger tous les autres captifs à donner chacun vn coup de hache sur le corps d'un de leurs compagnons, et de le faire mourir ainsi ; comme il arriva il y a quelque temps en Alger, en la personne d'vn esclaue espagnol, accusé faussement d'auoir escrit en Espagne plusieurs aduis touchant l'estat des affaires de la mesme ville.

» J'oubliais une autre sorte de supplice que l'on appelle vne estrapade moüillée, lequel, quoy qu'il soit le moindre de tous, est néantmoins considérable, en ce qu'il est fort en vsage parmy ces corsaires barbares quand ils sont sur mer.

Voici côme ils le practiquent : ils attachent l'esclaue par-dessous les aisselles à vne longue corde qui tient à une poulie à l'antenne du vaisseau, puis laschent la corde et l'esclaue dans la mer, et le releuent ainsi autant de fois qu'ils ont enuie de le mouiller, qui est leur ieu et passe-temps ordinaire. » (DAN, *Hist. de Barbarie.* I. 5, c. 9, p. 114 et suiv.)

[1] Le chrétien qui avait eu un commerce avec une musulmane était obligé de l'épouser et il était censé apostasier ; s'il refusait de l'épouser il était puni de mort.

nité. Chose qui surprendra peu nos lecteurs, mais qui n'en est pas moins douloureuse à dire ! le succès couronna trop souvent les efforts des bourreaux. Si le très-grand nombre des captifs demeura constamment fidèle à la religion de Jésus-Christ, on n'en comptait pas moins les apostats par milliers [1]. Le prosélytisme s'exerçait par une voie plus infâme encore. Il nous suffira de l'indiquer : tout enfant né du commerce d'un musulman et d'une esclave chrétienne était de droit musulman !!!

Le principal théâtre de toutes ces indignités était Alger ; Alger dominait ces horreurs et ces hontes par l'insolence de sa fortune. Nulle part, on ne vit autant d'esclaves ; nulle part, il ne fut répandu autant de sang chrétien. Ce fut, depuis le douzième siècle et surtout depuis l'occupation de l'Algérie par les Turcs, au commencement du XVIe siècle, la métropole des forbans et des martyrs [2].

Que faisait donc l'Église ? Que faisaient les peuples et leurs gouvernements ?

Le rachat ou plutôt la *Rédemption* des captifs, comme on l'avait si religieusement nommé, était un devoir trop éminemment chrétien, il tenait trop aux intérêts de la foi et de la charité, pour que l'Église pût, un seul jour, le perdre de vue. L'Église n'a cessé de répéter les paroles de notre admirable Cyprien : « Qu'un membre souffre, les autres membres doivent souffrir avec lui... Les prisonniers sont les temples de Dieu... C'est Jésus-Christ qui est captif dans ses membres, comment ne pas racheter à prix d'argent celui qui nous a rachetés dans son sang... ? Les chaînes dont on les charge sont encore moins l'objet de nos larmes que les dangers auxquels est exposée leur vertu [3] ». De là ce principe admis, dès les débuts du Christianisme, et pratiqué

---

[1] En 1849, le P. Dan comptait à Alger, environ 8,000 renégats et 1,000 à 1,200 renégates, sur lesquelles trois ou qutre françaises seulement ; à Tunis, 1,000 ou 1,200 renégats, et 600 à 700 renégates, a Salé 300 renégats, et presque pas de renégates ; à Tripoli, 100 renégats.

[2] Haëdo a raconté le supplice de plusieurs, dans ses *Dialogues de los Martyres*.

[3] Cyprian, Epist. Januario, Maximo, Proculo, etc.

par les plus grands évêques : les vases sacrés sont la rançon des esclaves. De là, en grande partie, le mouvement imprimé par les papes aux croisades orientales. Un faux préjugé a fait croire aux plus doctes écrivains rationalistes que les croisades n'eurent d'autre but avoué que l'affranchissement du tombeau de Jésus-Christ, tandis qu'il est démontré par les actes les plus solennels que la délivrance des esclaves chrétiens entrait pour une part principale dans tout ce que l'Église dit et fit dans ces mémorables circonstances. En voici une preuve sans réplique : c'est l'éloquent discours du pape Urbain II, qui institua pour ainsi dire les croisades en l'an 1095, au concile de Clermont : « Si quelqu'un, dit-il, a du zèle pour la gloire de Dieu, qu'il s'unisse à nous. Secourons nos frères, rompons leurs chaînes et rejetons loin d'eux le joug des infidèles. Nous vous enjoignons, pour la rémission de vos péchés, d'arrêter promptement l'insolence de ces derniers, par la compassion que vous devez à l'affliction et aux travaux de vos frères [1] ». L'indulgence plénière, accordée pour la première croisade, exposait formellement le même motif. On le retrouve exprimé dans le bref du Pape, adressé à saint Bernard pour la deuxième croisade, dans l'épître 322e de ce grand docteur, dans les décrétales d'Innocent III, pour l'approbation de l'ordre des Trinitaires et de celui de Merci, et dans la lettre qu'il écrivit à l'empereur du Maroc, en lui envoyant des religieux de Saint-François. Nous pourrions accumuler ces témoignages ; nous nous contenterons de rappeler que ce fut à la demande du pape Paul III qui, gémissant de voir tant de fidèles sous le joug de la captivité musulmane, invitait les princes chrétiens à tourner leurs armes contre les puissances de la Barbarie, que Charles-Quint parut devant Tunis et devant Alger. L'Église a donc fait son œuvre d'influence et de dévouement : elle ne pouvait aller au-delà.

Les peuples et les gouvernements ont-ils fait la leur ? S'il en fallait croire une assertion inconsidérée d'un feuilletoniste, ils

[1] Conc. Claromont. Ann. 1095.

l'auraient faite en pratiquant exactement sur les musulmans ce que les musulmans pratiquaient sur les chrétiens.

L'histoire entière se dresse contre cette outrageante calomnie, et il n'y a que l'esprit de dénigrement de la religion qui ait pu la placer au bout d'une plume quelconque.

Nous avons sous les yeux les livres que nous citons, et ces livres ce sont des témoins oculaires qui les ont écrits. Qu'on nous fasse donc connaître, à l'appui d'une assertion infamante pour la Chrétienté, un seul document du même genre ; qu'on nous montre donc les traces, qu'on nous dise l'emplacement des bagnes européens destinés aux musulmans, comme nous pouvons les inquer en Afrique ; qu'on nous représente donc une charte d'esclavage comparable à celle que nous trouvons consignée dans tous les Ouvrages sur la Barbarie ! Si la partie était ainsi égale entre les chrétiens et les infidèles, pourquoi les musulmans inspiraient-ils une pareille terreur quand l'Europe entière en imposait si peu à la Régence d'Alger et à celle du Maroc ?

Qu'il y ait eu, par suite d'entraînements populaires, quelques faits isolés de représailles sur quelques musulmans capturés, il n'est guère possible de le nier, quoiqu'il fut peut-être difficile d'en trouver un certain nombre d'exemples bien avérés ; mais un système général, mais une pratique autorisée en Europe, de supplices pareils à ceux que nous venons de décrire, c'est ce qu'on ne prouvera jamais, parce que cela n'a jamais existé. C'est donc un outrage gratuit que les feuilletonistes sans autorité, jettent avec impudeur à la chrétienté et à leur propre pays, qui en fut, et qui en est encore aujourd'hui la gloire.

Les peuples ! Que la voix de leurs murmures ait souvent fait effort pour appeler la fin de tant de maux et la réparation de tant d'outrages, cela n'est pas douteux ; et, et à en juger par le mouvement impétueux et prolongé des croisades, on peut affirmer que le moindre appel des souverains les eut entraînés en Afrique, comme il les entraîna dans l'Orient. A défaut de cette instigation nécessaire et qui, pourtant, ne vint jamais, les populations chrétiennes ont fait tout ce qu'elles pouvaient faire ; elles ont peuplé de leur dévouament personnel les ordres de la Trinité et de la Merci, et elles ont fourni l'or dont ces bons religieux payaient la rançon des esclaves.

Et les rois ! Eux aussi grossissaient de magnifiques aumônes, le trésor du rachat, et ils multipliaient les traités, violés sans cesse ; mais n'avaient-ils pas un but plus noble à poursuivre ?

Disons en toute hâte à l'honneur de Saint Louis que pénétré de l'esprit catholique, il porta manifestement dans la croisade, le projet d'affranchir les esclaves. Dans ce but, il emmena avec lui le père Gaguin, général des Trinitaires, et il avait également invité à le suivre Pierre Noslaque, fondateur de la Merci : preuve évidente de sa ferme résolution de commencer par l'Orient la libération des captifs. Il n'est pas douteux que, si le succès des Croisades eut été complet, la délivrance des esclaves de l'Orient consommée, on ne se fut tourné vers ceux de la Barbarie, pour leur apporter aussi le bienfait de la liberté. Mais il faut toucher à la fin du XIVe siècle et sauter rapidement au commencement du XVIe, pour rencontrer une expédition quelconque, poursuivant en Afrique une partie du but qu'on était allé chercher en Terre-Sainte. En 1390 le duc de Bourbon ; en 1505, Pierre de Navarre ; en 1505, le cardinal Ximénès ; en 1516, Diego de Vera ; en 1518, Moncade ; en 1541, Charles-Quint ; en 1637, François de Vendôme ; en 1683, Duquesne ; en 1687, Destrées, témoignent du désir des puissances européennes de réprimer la piraterie ; mais elle continue avec plus ou moins de violence, dans les longs intervalles de ces expéditions peu considérables ou couronnées d'insuccès [1]. En 1816, lord Exmouth vient, au nom de l'Angleterre, imposer à la ville d'Alger l'abolition de la course et de l'esclavage ; mais la course reparaît en 1823 et elle fait encore des esclaves [2] ; seulement, on les appelle des prisonniers. En at-

---

[1] Il faut excepter celle de Ximénès, à Oran, et celle de Pierre de Navarre à Bougie.

[2] En 1823, deux navires romains furent capturés et les équipages faits prisonniers. Les consuls protestant, au nom du traité de lord Exmouth,

tendant qu'on pùt recommencer hautement le cours de la piraterie et les indignités de l'esclavage [1], en 1826, le dernier Dey
d'Alger réglait à nouveau le partage des prises futures.
Voilà, jusqu'en 1830, les faits à décharge dans la cause des États
chrétiens ; mais combien plus il en reste à leur charge, grand
Dieu !

Si l'on excepte la petite, mais inutile expédition du duc de
Bourbon, sous Charles IV, en 1390, ce sont d'abord trois siècles
au moins, où nul effort ne semble avoir été tenté pour venger la
civilisation ; et, depuis le XVI⁰ siècle dont nous venons d'indiquer
les généreuses tentatives, on peut affirmer que, que jusque vers
la dernière partie du XVII⁰, jamais la piraterie ne se montra plus
acharnée, ni l'esclavage plus nombreux. Après d'innombrables
traités, constamment violés par les infidèles, les princes chrétiens oublièrent toute dignité. Au lieu de s'unir pour châtier
énergiquement d'audacieux corsaires, ils les prirent en épouvante ; au lieu de choisir, comme l'indiquait le bon sens, les
Baléares ou les places qui avoisinent le détroit, pour y tenir
leurs flottes armées contre les incursions des barbares, ils em-
ployèrent leurs forces à troubler le repos commun de la chrétienté. Tandis que, de nos jours, un peuple met tout en feu et
prendrait volontiers les armes pour sauvegarder, à mille lieues
de distance, non-seulement la liberté et la vie, mais même l'é-
quivoque diginité d'un de ses nationaux, tout entières à leurs

contre la décision du Dey, celui-ci se contenta de leur répondre: « Je vous
trouve toujours disposés à réclamer contre moi; si vous êtes justes, que ne
réclamez-vous contre le Pape qui ne me paie pas le tribut qui m'est dû? »
Cent cinquante Espagnols furent aussi capturés vers la même époque. En
1830, M. Bruat, depuis amiral, M. d'Assigny et quatre-vingts marins du
Silène et de l'*Aventure* furent jetés dans les bagnes d'Alger. Le docteur
Simon Pfeiffer y était esclave depuis cinq ans. Nous avons lu quelque part,
qu'en 1830, il y avait 10,000 esclaves à Alger. Des renseignements fournis
par les témoins les plus dignes de foi, parmi lesquels se trouve un vénérable consul, qui habitait Alger à cette époque, et par un ancien esclave,
encore aujourd'hui vivant, il résulte que le nombre des prisonniers ne
dépassait pas alors 500.

[1] Le *Bandjek* contient ce règlement.

divisions intestines et sans cesse renaissantes, les puissances les plus formidables avaient négocié avec la peur. En regard des bagnes qui regorgeaient d'esclaves chrétiens, elles payaient aux régences barbaresques de honteux tributs ou de stériles présents. Malgré l'impatience de nos lecteurs qui nous pressent d'arriver à notre but, ne craignons pas de tout dire. Si, d'un côté, nous sommes assuré de n'éveiller aucune susceptibilité, en racontant des faits acquis à l'histoire et dont la responsabilité malheureuse est égale pour tous, de l'autre, on comprendra mieux par nos récits pourquoi nous provoquons, en l'honneur de Marie, une manifestation d'universelle reconnaissance.

Le Koran avait dit à ses adeptes : Vous poursuivrez l'infidèle jusqu'à ce qu'il reçoive le Livre ou qu'il paie le tribut [1]. La conséquence de cet audacieux principe était que tout peuple qui ne se faisait pas musulman ou qui ne payait pas le tribut aux musulmans se constituait par là même en état de guerre avec eux. Rien n'était donc plus simple à leurs yeux que la piraterie exercée contre les chrétiens, qui leur refusaient l'apostasie ou l'impôt. Hélas ! il faut le dire, la faiblesse de l'Europe n'avait que trop donné raison à cette prétention extravagante. Certes l'Europe ne songea point à se faire musulmane ; mais la plupart de ses grands et petits États finit par accorder le tribut, pour acheter la bienveillance ou seulement la neutralité des régences barbaresques [2]. Pour l'ordinaire, on n'avouait pas le principe même du tribut, et la diplomatie, cette source féconde de mots ingénieux, savait bien en trouver pour dissimuler sa honte; encore fut-elle condamnée plusieurs fois à cet abandon des fiertés ordinaires. Il n'y avait que deux manières d'être avec les Barbaresques, ou rester en guerre avec eux et subir de droit tous les

---

[1] *Kor.* chap. IX.

[2] Nous devons une grande partie de ces renseignements officiels à notre savant bibliothécaire, M. Adrien Berbrugger, à M. Devoulx, qui a bien voulu nous communiquer, en manuscrit, sa traduction du *Bandjek*, registre turc officiel des prises, et à la complaisance de personnes que leur position a tenues ou tient encore au courant de ces détails; le reste est le fait de nos propres recherches.

dangers de la piraterie, ou conclure un traité qui ne garantis-
sait pas toujours de ses périls, mais qui impliquait essen-
tiellement la condition du tribut, sous une forme plus ou moins
déguisée.

On distinguait, en Barbarie, trois sortes de tributs : celui de la
Lezma, provenant d'une obligation nominativement contractée ;
celui des *Aouaïd*, provenant de la coutume, et nommé par les
Français *usances*, par les Espagnols *Aguaites* ; et, enfin, oserons-
nous le dire ? celui des *Avanies*, moyen d'extorquer de l'argent
qu'il est inutile d'expliquer, et qui, pour sortir de la règle, n'é-
tait nullement une exception, parce qu'on l'appliquait à toute
heure, sous toutes les formes, et chez toutes les nations barbaresques. Occupons-nous surtout d'Alger[1].

Six États européens payaient aux Algériens la *Lezma*, tous les
deux ans. C'étaient les États-Unis, Naples, le Portugal, la Hollande, la Suède et le Danemark[2]. En outre, ces trois dernières
puissances avaient à livrer, pour la marine du Dey, des bois
de construction, de la poudre, du plomb, de la poix, des cordes,
des voiles et autres agrès. Le tribut de chacun de ces États
était estimé, en moyenne, à 125,000 fr.; cependant, depuis
la paix de 1701, le Bandjek ne parle que de 54,000 fr., mais
à titre annuel, pour la Suède, et de 50,400 fr., au même titre,
pour le Portugal. En 1795, les États-Unis s'engagèrent à payer
64,800 fr., par an. Pour quatre États, l'obligation durait encore en 1830. En 1815, après un heureux coup de main d'un
de ses amiraux, la République des États-Unis ne manqua pas
de s'affranchir des tributs ; mais elle consentit à donner, à
chaque renouvellement de consul, un présent aux Algériens. La
Hollande en fut dégagée en 1816, par suite de l'expédition de
lord Exmouth à laquelle elle avait pris part. En 1803, le Por-

[1] On peut appliquer au Maroc, à Tunis et à Tripoli, sauf quelques nuances,
ce que nous disons ici d'Alger.

[2] Ce n'est qu'en 1845, et par les soins de la France, que ces deux
dernières puissances ont été exonérées du tribut qu'elles payaient au
Maroc.

tugal, voulant faire la paix avec Alger, le Dey réclama vingt millions de francs; le consul en ayant offert cinq, on le couvrit d'injures et on l'expulsa. La paix ne fut conclue qu'en 1810, au prix de 1,470,000 fr., et en outre, 50,400 fr. à titre de cadeau annuel.

La France, l'Angleterre, l'Espagne, la Sardaigne et la Toscane, payaient des présents, tous les deux ans, sans parler du cadeau de joyeux avénement[1]. Le partage se faisait entre le Dey, certains fonctionnaires, officiers, employés et domestiques du grade le plus infime, jusqu'aux *balayeurs* de la Kasba[2]. On faisait aussi des cadeaux au commencement de l'année, à la fête du Bayram, et chaque fois qu'il s'agissait de traiter une affaire importante. Les Beys d'Oran, de Bône et de Constantine avaient souvent part aux cadeaux : c'étaient des *aouaïds*. Le présent devait être d'une valeur de 125,000 francs pour les trois premiers États; il était d'une valeur moindre pour les deux derniers. Il consistait en armes de luxe, en bijoux, en montres, en boîtes à musique, en beaux vases, en draps, en toiles fines, en tuniques brochées, en brocards, en beaux marbres d'Italie, en chocolat de Turin[3], et même en munitions de guerre, et il se distribuait par les consuls, suivant une liste convenue et fournie par le Dey. On peut voir, dans la note placée au bas de la page, un curieux et authentique spécimen de ces présents, qui n'étaient pas toujours stipulés dans les traités, mais qu'on regardait comme une obligation légale[4]. Le Dey et les autres participants à la curée, disputaient

---

[1] Nous avons sous les yeux un tableau semblable à celui que nous venons d'analyser, et qui porte la date de 1818, d'un cadeau de joyeux avènement; il est vrai que ce présent était en même temps offert à l'occasion de la ratification de la paix. Toujours des tributs déguisés.

[2] Voir au *Bandjek* les présents de la France, en 1754.

[3] Un jour le dernier Dey eut le front de demander au consul de Sardaigne de lui préparer lui-même son chocolat.

[4] Mémoire d'une distribution faite en 1813 par le consul de... selon la coutume.

Au Dey : Une montre à répétition ciselée, garnie en diamants, avec sa chaîne et son étui, 6,750 fr.; une autre montre, 5,000 fr.; un anneau surmonté d'un brillant, 10,007 fr.; une montre anglaise, 1,750 fr.; trois

àprement la valeur de chaque objet [1]. Aussi, pour satisfaire leur incroyable cupidité, fallait-il toujours en tenir quelques-uns de plus en réserve.

A force d'*avanies*, on obligeait souvent les petites puissances à renouveler les consuls, pour obtenir le renouvellement du présent, ou bien on les chassait sans plus de façon.

L'usage de quelques puissances était de changer leurs consuls tous les cinq ans Un jour, au commencement de ce siècle, le Dey fit atteler à un chariot servant au transport des pierres, le consul de Hollande, vieillard vénérable, et il ne l'en arracha qu'à la prière unanime du corps consulaire. Un empereur du Maroc, tua de sa propre main un Pacha qui n'avait pas su prévenir l'évasion du consul d'Espagne.

En 1764, le Pacha Ali décida que les consuls français, suédois et autres, feraient renouveler leur pouvoir tous les deux ans, afin d'assurer d'une façon plus régulière l'acquittement de l'*aouaïd*; la France républicaine le solda comme la France monarchique, et la constatation de la recette figure annuellement au *Bandjek*.

kafetans ou robes en brocard d'or ; quatre pièces de lin d'Irlande ; trente-six pans de velours; soixante-quatre pans de Damas ; cent pans de draps fins.

Au premier Ministre . Une montre à répétion, 3,000 fr.; un brillant, 4,700 fr.; une paire de pistolets garnis en platine, 6,258 fr.; un kafetan de brocard, six autres kafetans en velours ou en damas; trois pièces de lin d'Irlande et trente-deux pièces de draps fins.

Puis, viennent l'aga, le ministre des finances, le trésorier du Dey, le chef de la cavalerie, le ministre de la marine, le premier et le second comptable, le corps d'ouvriers, le premier et le second cuisinier, les quatre secrétaires, les deux gardes de chambres, le drogman, le portier, le krodja, le crieur du Dey, le biskri du Dey, et une foule d'hommes de tout emploi, et de tout grade, jusqu'à épuisement de la somme convenue. Une note contient à la suite d'autres présents donnés à l'effet d'éviter les altercations et d'éviter les *avanies* ou plutôt de leur faire droit. L'auteur, ayant énuméré les dons et marqué leur prix, complète son addition par ces mots de la plus originale énergie : *Enfin, dix quintaux de patience !*

[1] Un jour, un consul offrait au Dey d'Alger les présents d'usage. Le Dey ne les trouva pas à son goût, et dit au consul : Vous êtes un galant homme, vous; mais vos cadeaux sont mesquins.

Pendant deux siècles, la Compagnie royale d'Afrique paya, pous son établissement de Bastion de France, une redevance annuelle de 150,000 francs; redevance qui fut portée, dans les premiers temps de la République française, à 180,000 francs. Le prétexte de cette obligation était d'éviter à notre commerce l'embarras d'acquitter une foule de menus droits qu'il n'en payait pas moins rigoureusement.

En 1797, l'Angleterre fit présent au Dey d'Alger de quatre canons avec leur matériel. Après la rupture qu'amena entre Alger et la France la campagne d'Égypte, l'Angleterre se substitua à la Compagnie royale, et jusqu'en 1816, elle paya aux Algériens une redevance annuelle de 350,000 francs pour le loyer de ses établissements qu'elle n'occupa jamais. En outre, si nous nous en rapportons aux renseignements qui nous sont fournis, elle devait 15,000 francs de passeport pour chacun de ses bâtiments de commerce, qui naviguaient dans la Méditerrannée. L'Angleterre, même après l'expédition de lord Exmouth dut payer l'*aouaïd*; elle l'a fait jusqu'en 1837.

L'Espagne était le point de mire de la cupidité musulmane, parce qu'elle était la puissance la plus rapprochée de l'Afrique, et l'objet des plus fanatiques emportements de l'islanisme, depuis qu'elle eût explusé les Maures. Dans le XVIIe siècle, quoi qu'elle exerçât la domination dans la ville d'Oran, l'Espagne n'en avait pas moins des milliers d'esclaves à Alger. Quand, en 1791, elle abandonna cet établissement, elle dut compter au Dey, seulement pour entrer en négociation avec lui, 180,000 francs; elle s'engagea ensuite à payer une redevance annuelle de 96,800 francs, pour assurer à ses nationaux le privilége exclusif du commerce d'Oran et de Mers-el-Kebir. Le traité d'abandon ne parle que de la deuxième clause. En 1786, elle paya la paix 2,700,000 francs; plus, 2,000 quintaux de poudre, etc. En 1804, elle fut obligée de donner au Dey d'Alger, neuf pièces de canon de 24 et neuf de 18. En 1826, elle acheta du Dey la paix au prix de 1,500000 francs, qui furent regardés comme l'acquittement d'une dette commerciale [1], et de 150,000 francs de présents.

Les républiques italiennes du Moyen-Age avaient établi des comptoirs dans les principales villes de l'Afrique septentrionale; les comptoirs furent ruinés par l'avénement des Turcs; mais les Républiques ne voulurent pas traiter avec ces forbans. De là ce que l'Islanisme appelait l'état de guerre; de là, en particulier, cette multitude d'esclave sardes et génois. D'après le *Bandjek*, la Sardaigne traita, en 1764, avec le Dey d'Alger, moyennant 216,000 francs, plus le tribut annuel de 54,000 francs, versé jusqu'à 1816, époque où elle fut placée sous le régime des grandes nations. Cette année, en effet, le roi de Sardaigne traita, sous les auspices de Lord Exmouth, avec les puissances barbaresques et il obtint la suppression de la course et de l'esclavage, à la condition de donner des présents [2]. En 1825, la Sardaigne conclut un traité semblable avec le Maroc; la clause du tribut y fut formellement exprimée, ainsi que dans le traité passé avec la Régence de Tripoli. Le roi s'engageait à compter 25,000 francs de présents à chaque renouvellement de consul.

Les villes Hanséatiques payaient aussi le tribut sous forme de présent. En 1750, Hambourg dut fournir 52 affuts de canon, 300 quintaux de poudre, etc. En 1830, le Sénat de Hambourg était en séance pour en voter l'envoi, lorsque le consul de France résident lui envoya dire qu'Alger venant d'être pris par les Français, toute délibération devenait superflue. La même année, le consul de Naples, averti de notre expédition, sut, à force de délais, économiser à son gouvernement la somme qu'il avait à verser aux mains des Algériens, depuis un traité de 1816.

L'Autriche et la Russie ne s'étaient point soumises au tribut. Elles avaient même fini par imposer au Sultan de Constantinople l'obligation de les indemniser des pertes que leur feraient

---

[1] La dette Bacri.

[2] On paya en outre 2,500 fr. la rançon de chaque esclave sarde.

éprouver les Barbaresques ; la Porte ne s'y résignait que par
force, et les esclaves russes, en particulier, étaient assez nombreux à Alger.

Pour l'honneur de l'Eglise, ajoutons, en finissant, que l'île de
Malte, défendue par ses religieux chevaliers, et que les États
Romains, protégés dans leur dignité par le Saint-Père, ne s'a-
baissèrent jamais à compter aux Musulmans de l'Afrique ni tributs
ni présents. Aussi ne faisait-on pas faute d'enlever les Maltais,
de capturer les galères romaines et de jeter les équipages dans
les bagnes. Il fallait, pour mettre fin à cette déplorable situation,
la conquête de 1830.

Enfin, nous voilà au bout de ce tableau de cruauté d'une part
et de faiblesse de l'autre ; il est temps de reporter nos regards
vers des souvenirs plus glorieux et plus doux. C'est au milieu d'un
tel abandon de la nature humaine et de l'oubli des devoirs du
nom chrétien qu'intervient, d'une manière admirable, Marie, *la
Mère de Miséricorde*.

Qui n'a pas entendu parler des religieux Trinitaires et de
ceux de Notre-Dame-de-la-Merci ! Non rien n'est beau comme de
voir, pendant six cents ans, d'humbles moines, parcourant
l'Europe en mendiant, à la sueur de leur front, l'or avec lequel
ils viendront ensuite, franchissant la mer sur de frêles esquifs,
dénouer, au péril de leur liberté et de leur vie, la chaîne des
captifs ! Et pourtant, ce n'était là que la moitié de leur tâche.
On ne peut imaginer les difficultés qui les entouraient dans l'accomplissement de leur mission, par quelles interminables lon-
gueurs on les traînait, afin d'en tirer plus d'argent, en pous-
sant à bout et en désolant leur patience ; quelles indignes super-
cheries on leur faisait, malgré les conventions les mieux arrêtées
et quels dangers ils couraient au moindre bruit qui venait du
dehors. Plusieurs furent indignement jetés en prison ou mis à
mort ; d'autres furent réduits en esclavage, parce que, trompés
par les injustes calculs des marchands d'esclaves, ils ne pouvaient payer en entier les sommes qu'on exigeait d'eux. Rien
ne les rebuta dans la poursuite de leur œuvre ; on peut dire, au

contraire, que leur zèle croissait avec les outrages et qu'il se fé-
condait par l'*avanie*.

Savez-vous le nombre des chrétiens ainsi rachetés, pendant
six siècles, en Afrique, en Asie et en Espagne, avant l'expulsion
des Maures? Non, vous ne le savez pas, vous qui refuseriez de
concourir avec nous à l'érection d'un monument de reconnaissance, vous ne le savez pas. Apprenez-le donc et réfléchissez
ensuite, la main sur le cœur. A partir de 1198, date de la fondation de leur institut, jusqu'en 1787, les Trinitaires, seuls, ont
racheté neuf cent mille esclaves européens [1], et de 1218 jusqu'à
1632 le nombre de ceux qui durent leur délivrance aux Pères de
la Merci [2] s'élève à 490,736 Les listes de rachat de cet Ordre ne
vont pas plus loin. C'est donc au moins QUATORZE CENT MILLE
esclaves chrétiens, rachetés par ces deux Ordres religieux ; quatorze cent mille, entendez-vous ?

Et quel était le prix de la rançon ? C'est ce que nous croyons
impossible de dire avec précision, car elle variait suivant le prix
de la vente, suivant la fortune présumée, suivant l'âge, la force
les aptitudes de l'esclave, suivant le nombre des captifs présents
dans les bagnes et la quantité de ceux qu'on rachetait dans un
même marché, ou, pour mieux dire, suivant la cupidité du
maître. Certaines relations de Rédempteurs nous montrent des
esclaves rachetés moyennant une somme de 950 francs [3] ; d'autres sont rachetés pour 1260 francs [4]. Nous avons sous les yeux
des tableaux officiels des rançons opérées à Alger en 1787; nous
en voyons plusieurs de 1,000 et 2,000 piastres fortes d'Espagne,
c'est-à-dire de 5,775 francs et de 10,500 francs ; celle de Cervantès coûta 25,000 francs aux Pères de la Merci. Mais, outre le

---

[1] Ces chiffres résultent des listes de la Rédemption, communiquées par
le R. P. Général des Trinitaires, à J. M Prat, l'auteur de la *Vie de S. Jean-
de-Matha*, imprimée à Paris, en 1846. Voir la note XI, p. XXXIII.

[2] Les religieux de la Merci s'étendirent beaucoup plus en Amérique
qu'en Espagne et qu'en France ; c'est ce qui explique pourquoi ils ont
moins racheté d'esclaves en Afrique et en Asie que les Trinitaires.

[3] Relation du voyage des PP. Comelin, etc., en 1820, p. 144.

[4] Id. p. 344.

prix de rachat, il y avait encore des droits considérables à payer lesquels montaient pour l'ordinaire au huitième de la rançon. Ajoutez à cela les dépenses de voyage par mer, pour les Pères, celles de leurs séjours prolongés dans les capitales des Régences, les *avanies*, la dépense du retour pour eux et pour les esclaves délivrés, jusqu'à ce qu'ils fussent rentrés au sein de leurs familles et vous arriverez à cette conclusion qu'en moyenne, chaque rançon d'esclave coûtait au moins l'équivalent de six mille francs de notre monnaie actuelle. Donc, le rachat de 1,400,000 esclaves serait le produit de huit milliards quatre cent millions d'aumônes fournies [1], recueillies et distribuées par les ordres de la Trinité et de la Merci. Réduisez, si vous le voulez, cette somme de la moitié et même des deux tiers, n'est-ce pas le cas de le dire? trois moines ont plus fait pour la liberté que tous les économistes, que tous les philosophes et que tous les libéraux ensemble. Et il se trouve des hommes qui demandent avec aplomb : A quoi servent les moines? Nous dirons, nous : à quoi servent les philosophes? Voulez-vous l'apprendre par un fait qui appartient de droit à cette rapide esquisse? Écoutez :

Du temps de Louis XV, deux cents soldats français furent faits esclaves au Maroc. On négocia leur rachat. Voici ce qu'en pensait Voltaire : « J'ai été bien ébaubi quand j'ai reçu une lettre pastorale du révérendissime et illustrissime évêque et prince de Genève, munie d'une lettre de M. de Saint-Florentin, qui demande une collecte pour nos soldats qui sont esclaves au Maroc... Le roi de Maroc est un terrible homme. Il demande environ huit cent mille francs pour deux cents esclaves... Cela est cher !!! [2] » Cœur sec et sans entrailles ! et s'il eut fallu payer de sa personne, franchir la mer à ses propres frais, s'exposer aux menaces des flots

---

[1] Ceux de la Merci s'engageaient par vœu à donner un tiers de leur revenu à l'œuvre du rachat.

[2] Voltaire, *Correspondance générale*, Tom, 8, 1766. Lettre 51 à M. le comte d'Argental. Edit. Thomine et Fortic, 1821. Qu'on juge par là de ce que devaient coûter les rachats individuels, quand la somme brute du rachat de 200 esclaves, proposé par un roi de France, revenait à 4,000 fr. par tête !

et aux avanies du rivage ! mais cela était bon pour des moines !
jamais à ceux-là, quand il a fallu se dévouer pour les esclaves, la
pensée n'est venue de dire : c'est trop cher. Aussi, fut-il jamais
un service pareil à celui qu'ont rendu les héroïques Rédempteurs ? Quel trophée de gratitude ne doit pas à un tel souvenir,
l'humanité qui tient à honneur, et c'est justice, d'immortaliser,
par des monuments, les gloires qui rejaillissent sur elle et les dévouements dont elle fut l'objet ?

On nous demandera comment ces choses admirables remontent
jusqu'à Marie et peuvent servir de fondement moral à l'édifice
que nous projetons en son honneur ? La réponse est facile ; puisse-
t-elle être convaincante pour tous ! Ouvrez l'histoire de ces
belles fondations, et vous y verrez rayonner de tout son éclat
l'action directe et progressive de Marie.

Deux Français, saint Jean-de-Matha, gentilhomme provençal,
et saint Félix-de-Valois, prince de la famille royale, associent,
les premiers, leurs efforts pour tenter l'affranchissement des
esclaves chrétiens de la Barbarie. D'où leur vient cette généreuse pensée ? d'un profond mouvement de foi et de charité,
sans doute ; mais encore, l'histoire en fait foi, de la surnaturelle intervention de Marie. Dans une œuvre aussi digne de
la mère du Rédempteur, cette intervention éclate par mille traits.

L'an 1127, la comtesse Éléonore de Valois, étant enceinte de
celui qui fut plus tard saint Félix de Valois, s'était endormie de
fatigue au pied de l'Église de saint Hugues de Rouen, dont les
restes précieux reposaient à Happe, dans le Cambrésis ; elle vit
en songe l'auguste Marie tenant dans ses bras l'Enfant-Jésus, qui
caressait un autre enfant et échangeait avec lui une petite croix
de bois contre un bouquet de fleurs de lis. Saint Hugues lui apparut, un instant après, et lui donna l'explication de ce songe :
Éléonore mettrait au monde un fils qui foulerait aux pieds le
faste de la naissance, et s'attacherait uniquement à l'humilité et
au triomphe de la croix [1].

____

[1] *Vie de saint Jean-de-Matha*, par Prat.

Trente-trois ans plus tard, et l'an 1160, dans un petit village
de la Provence [1], une noble femme, Marthe de Matha, étant enceinte de Jean, aperçut la Sainte-Vierge s'avançant vers elle
dans toute la splendenr de sa gloire, et Marie lui dit : « Marthe
ayez confiance ; l'enfant que vous mettrez au monde sera un
grand saint, le Rédempteur des esclaves chrétiens et le père
d'une nombreuse famille qui, perpétuant son œuvre, sauvera un
grand nombre d'âmes. » Jean et Félix furent, dès la plus tendre
enfance, voués par leurs picuses mères à la Reine du ciel. On
dit même que Félix lui fut présenté dans une vision par saint
Bernard, son plus dévot serviteur et grand promoteur de l'affranchissement des esclaves .

Aussi, quand Jean-de-Matha et Félix-de-Valois se sont unis
pour la fondation de l'œuvre du rachat des captifs, choisissent-
ils le jour de la Purification, pour recevoir, des mains d'Innocent III, l'habit de l'Ordre nouveau qu'ils appellent de la Sainte-
Trinité ; aussi, après cet auguste nom, prennent-ils pour objet
spécial de leur culte et pour gage de protection, Marie, qu'ils
nomment Notre-Dame-du-Remède , comme s'ils attendaient
d'elle seule la force de guérir la hideuse plaie de l'esclavage.
Glorifier la Trinité par la Vierge, c'est le but des premiers Rédempteurs, c'est le but que poursuivront constamment cet Ordre
et les confréries d'hommes et les communautés de femmes, qu'il
s'associera dans la suite.

Faut-il s'étonner que les traits de l'assistance de Marie abon
dent dans ces deux vies héroïques.

Un jour, Jean-de-Matha est jeté par les Musulmans sur un
mauvais bateau, sans pilote, sans mât et sans voile ; il invoque
l'Étoile de la mer, et il est sauvé, malgré la plus horrible tem-
pête. Une autre fois, ayant employé tout ce qu'il avait apporté
d'argent au rachat d'un certain nombre d'esclaves, profondément
ému du désespoir d'un prisonnier dont il ne pouvait payer la

<hr>

[1] Faucon.
[2] *Vie de saint Jean-de-Matha*. par Pral.

rançon, il adresse à la Reine des Cieux la plus fervente prière ;
à l'instant même, une main complètement inconnue lui remet la
somme nécessaire à l'accomplissement de son œuvre. De son côté,
Félix-de-Valois reçut une faveur insigne. Une nuit qu'il s'était
rendu le premier à l'Office, la Sainte-Vierge lui apparut couverte
de l'habit de son Ordre, entourée d'une foule de bienheureux
également vêtus en Trinitaires, et chantant, à sa suite, le bréviaire des religieux. N'était-ce pas le Ciel qui se faisait l'écho de
la Terre ?

Une seule Congrégation ne pouvait suffire à la tâche immense
de la Rédemption des captifs. On dirait que Marie ait voulu se réserver plus spécialement la seconde : ce fut elle-même qui en fut
la fondatrice. En 1218, elle apparut d'abord à saint Pierre Nolasque, encore un Français, né en Languedoc[1], et l'homme le
plus libéral, a dit Bossuet, qu'il y ait jamais eu sur la terre [2]. Elle
se montra de même à saint Raymond de Pegnafort et à Jacques,
roi d'Aragon, leur demandant d'établir un nouvel Ordre pour le
rachat des esclaves ; de là le nom de Notre-Dame-de-la-Merci. Ce
fut elle encore qui soutint, par de fréquentes apparitions, le dévouement de Pierre[3]. Inutile de dire qu'avec une telle origine,
la dévotion à Marie était l'âme de la nouvelle Association. Toute
la sève du zèle partait de cette forte et douce racine; si les
œuvres des religieux de la Merci ont rendu leur mémoire impé-
rissable, c'est là qu'il en faut chercher la véritable cause.

A Rome, où toute idée chrétienne a sa forme et pour ainsi dire
son culte, un des plus grands dévots de la Sainte-Vierge, saint
Bonaventure, institua, l'an 1264, l'œuvre du rachat des captifs,
sous le nom de confrérie du Gonfalon, dont le siége est à Sainte-
Lucie.

Une multitude d'esclaves durent leur délivrance à cette pieuse
association, dont Marie est l'auguste patronne. On voit appa-

---

[1] Près de Castelnaudary.
[2] Panégyriq. de S. Pierre Nolasque, Exorde.
[3] Bréviaire romain.

raître son intervention dans la touchante histoire de Caggioli[1].
L'association franchit les murs de la ville éternelle, et, grâce aux
indulgences dont elle fut comblée par les souverains Pontifes, on
la vit s'établir en divers lieux de la chrétienté. A Lyon, la confrérie du Gonfalon avait son siége dans une chapelle qui avoisi-
nait l'église de Saint-Bonaventure. Henri III s'y affilia, lors de son
passage dans cette ville.

Nous dirons de saint Vincent-de-Paul et des prêtres de la Mission qu'il établit à Alger, en 1646, ce que nous venons de dire de
Jean-de-Matha, de Pierre Nolasque et de saint Bonaventure.
Esclave à Tunis, en 1605, ce fut à l'*intervention de la Sainte-
Vierge, toute seule*, comme il n'a cessé de le répéter[2], qu'il dut
sa délivrance. Quoique son œuvre ne fût pas celle du rachat, un
million d'aumônes fût versé par lui, durant sa vie, en Afrique,
et, par ses soins, douze mille esclaves furent rachetés. Ses disciples firent à Alger des prodiges de charité, ils exercèrent en
faveur des esclaves une influence d'autant plus salutaire, qu'ils
furent constamment revêtus de la dignité de Vicaire apostolique
et plusieurs fois de celle de Consul de France. Si l'on veut juger
de la part qu'eut la Sainte-Vierge à cette nouvelle œuvre, on n'a
qu'à lire l'avis que donna Vincent au sieur Barreau qu'il fit envoyer le premier à Alger en qualité de Consul : « Jésus-Christ
était le souverain Seigneur et de la Sainte-Vierge et de Saint-
Joseph, et néanmoins, pendant qu'il a demeuré avec eux, il ne
faisait rien que de leur avis[3] ». Vincent faisait de même. Voilà
donc encore l'action de Marie une troisième fois démontrée par
les faits dans la rédemption des captifs.

Notre siècle affecte de peu croire aux apparitions de la nature
de celles qui ont amené la fondation des Ordres de la Trinité et
de la Merci ; il regarde comme une pieuse imagination les convictions de Vincent-de-Vaul, l'esprit le plus éminemment pra-

---

[1] Touchante histoire d'une mère et de ses trois enfants, publiée à Alger,
par Mgr. Pavy. — Bastide. 1859.

[2] Lettre à M. de Commet.

[3] Abély *Vie de saint Vincent de Paul*, T. 1, p. 359.

tique des temps modernes. Pour nous, on nous permettra de nous en rapporter aux Saints eux-mêmes sur ce qui les regarde, Dieu parlant à leur cœur un langage et y formant des certitudesqu'aucun n'a le droit de démentir. Nous croyons au miracle des apparitions extérieures, toutes les fois que leur authenticité nous est démontrée par des témoignages dont la valeur, s'il s'agissait d'un fait de l'ordre naturel, ne serait pas douteuse pour les esprits sensés.

On pense avoir tout dit, quand on a nommé de tels récits des *légendes*. Mais la *légende*, quand elle repose sur une solide base historique, prend toute l'importance d'un fait incontestable ; et, quand elle est solennellement approuvée par l'Église, elle grandit de toute la hauteur d'un fait surnaturel. La *légende*, fût-elle dénuée de cette haute consécration de l'histoire ou de l'approbation de l'Eglise, si elle est adoptée par les masses, est au moins l'expression d'un courant d'idées qui révèlent une époque. Faites maintenant d'une *légende* la tradition d'un Ordre charitable, elle n'est pas seulement pour ses membres une gloire héréditaire, elle devient encore la source des plus généreuses inspirations. Donc, regardez comme authentiques ou non les apparitions de la Très-Sainte-Vierge à Éléonore de Valois et à Marthe de Matha, à Jean et à Félix, à Pierre Nolasque, à Raymond de Pegnafort et à Jacques d'Aragon ; supposez ou non que la délivrance de Vincent-de-Paul puisse être attribuée à d'autres causes qu'à celle qu'il signale ; il n'en est pas moins certain que ces grands hommes et que leurs longues générations de disciples ont agi sous cette conviction et par cette conviction de l'intervention de Marie, et qu'armés de ce bouclier invincible de confiance en Marie, ils n'ont cessé leur admirable et périlleuse mission, qu'après son final accomplissement.

Serait-ce donc quand le dévouement s'arrête, faute de victimes à sauver, et que le combat finit, faute d'ennemis à vaincre, qu'il est permis d'oublier l'héroïsme, de méconnaître la grandeur de la victoire et les hautes inspirations qui les enfantèrent l'un et l'autre? Jusqu'ici l'humanité a pensé le contraire. Elle laisse, pour l'ordinaire, le présent se servir de monument à lui-même, et ses trophées les plus magnifiques consacrent ses souvenirs de vieux services rendus, plutôt que les gloires présentes et que de vivantes personnalités.

Eh bien ! voilà un souvenir, et l'un des plus immortels souvenirs; voilà un service rendu à l'humanité, et le plus éclatant de ceux qu'elle ait jamais reçus; et ce souvenir se rattache immédiatement au nom de Marie, et ce service est dû à la maternelle inspiration de Marie. Que tout ce qui est chrétien, que tout ce qui a un cœur d'homme s'unisse donc à nous, pour élever, ici même, à deux pas des bagnes écroulés, un trophée digne de l'insigne Bienfaitrice de nos Pères. Que les populations maritimes surtout, Français des bords de l'Océan et de la Méditerranée, Espagnols du continent et des Baléares, Sardes, Piémontais, Génois, Toscans, Romains, Napolitains, Siciliens, Grecs, Maltais se souviennent des terreurs et des pleurs de leurs ancêtres; qu'ils rapportent à Marie la grâce de l'affranchissement d'un grand nombre et du soulagement de tous ceux qui gémirent jusqu'à la fin dans les bagnes, adoucis par sa pieuse dévotion, et qu'ils jettent au pied de son nouvel autel le denier d'une gratitude héréditaire.

Mais ce n'est ici que la moitié des bienfaits de Marie, dans cette œuvre du passé de l'Afrique. En effet, si la tâche de l'Église était accomplie, si celle des peuples s'était faite comme elle pouvait l'être alors, la tâche des rois se dessinait à peine. Pour être de magnifiques institutions, les Ordres Rédempteurs n'en accusaient pas moins la persistance de la piraterie et de l'esclavage. Souvent les religieux avaient été réduits à se faire eux-mêmes esclaves pour racheter d'autres esclaves. Même après l'expédition de lord Exmouth, en 1816, vous l'avez vu, les puissances chrétiennes payaient des tributs et des redevances, afin d'obtenir la liberté des mers que les Africains leur disputaient encore; de nouveaux actes de piraterie s'étaient encore produits; les prisonniers avaient pris la place des esclaves, et il n'est pas douteux que les anciennes violences n'eussent bientôt repris leur cours, si le bras de Dieu ne fût venu châtier une victorieuse et cruelle insolence de six siècles. Pendant cette longue durée de jours, Marie s'était montrée, en Afrique, la douce consolatrice des affligés ; elle va s'y montrer, désormais, comme la puissante Reine de la victoire.

Il semblait convenable au dessein d'en haut que le noble et catholique pays, qui avait vu naître les premiers Rédempteurs d'esclaves, fût choisi pour écraser leurs tyrans, et que le triomphe définitif échût en partage à la nation qui, loin de l'exploiter avec la cupidité et la vengeance, le féconderait avec une religieuse humanité. La France devait donc conquérir l'Afrique[1], et Marie, l'inspiratrice des héros de la charité, avait à se montrer, une fois de plus, la protectrice des héros et de la gloire militaire de la France.

Qui oserait le nier ? la conquête de l'Algérie, si glorieusement inaugurée en 1830, si noblement continuée pendant trente ans de guerre, si rapidement achevée par la prise de possession de la Kabilie, est, à tous les points de vue, l'un des événements les plus considérables de l'histoire. La France en fut l'instrument ; l'univers en recueille les fruits. Les longs outrages subis par l'Europe surabondamment vengés ; la supériorité des armes chrétiennes, proclamée par plus de cent victoires ; la barbarie vaincue, sans pouvoir se relever jamais de ses défaites ; l'esclavage des chrétiens aboli en Algérie, à Tunis, au Maroc et, progressivement, dans tout l'Orient, sans qu'il puisse désormais renaître ; d'ignobles tributs supprimés ; l'Océan, la Méditerranée et l'A-

---

[1] Si l'on pouvait se fier aux récits arabes, nous raconterions celui-ci : Quelques années avant 1830, un groupe d'indigènes causait des affaires de la Régence avec son fanatisme habituel. Un vieillard remuait de temps en temps la tête, en signe de dénégation ; à la fin, il prit la parole et dit : « Nous nous brouillons avec tout le monde ; vous verrez qu'un jour Alger sera pris, et notre empire détruit. Ce ne sera pas par l'Espagne, elle n'est forte ni sur terre ni sur mer ; ce ne sera pas par l'Angleterre, elle n'est forte que sur mer ; ce sera par la France qui est forte et sur terre et sur mer. »

driatique, affranchis des incursions de la piraterie ; une terre, autrefois magnifique, et, depuis des siècles, encombrée de ruines ou rongée par la solitude et la stérilité, se couvrant comme par enchantement de hameaux, de villages ; de bourgs, de cités, de routes et de tous les trésors de l'agriculture et de l'industrie ; un État dont l'existence était une insulte permanente à l'humanité, remplacé par un État qui en sera la gloire ; une Puissance dont la durée était une perpétuelle déclaration de guerre à la chrétienté, entrant par la loi dans la famille chrétienne, en attendant qu'elle y entre par la foi ; Alger, ce fier nid de pirates, changée en cité de labeur honnête et fécond ; cette Métropole de l'Islamisme africain, transformée en une ville épiscopale d'où part un rayon de l'apostolat catholique ; un magnifique fleuron ajouté au beau diadème de la France ; un poids considérable de plus jeté dans la balance de l'équilibre européen, et, ce qui est plus grand encore que toutes ces grandes choses, le Koran, affaissé sous le poids de sa défaite et inondé, malgré lui, des feux de la lumière évangélique ; la Croix de Jésus-Christ rentrée, après douze siècles, en possession d'une contrée jadis si fameuse par la multitude de ses Églises, par le courage de ses martyrs, par le génie de ses docteurs, par la sagesse de ses conciles et par la fécondité de ses institutions religieuses : ne sont-ce pas là les résultats évidents de notre grande conquête ? N'est-ce pas l'œuvre de Dieu même, accomplie par la France, *Gesta Dei per Francos*, mais œuvre accomplie au nom et pour le bien de la religion, de l'humanité et de la véritable civilisation ? C'est la hauteur à laquelle, en en dépit de toute rivalité nationale, un homme sensé doit s'élever, pour apprécier convenablement un fait de cette importance.

L'homme est un ouvrier, souvent aveugle, aux mains de la Providence, et cela est vrai surtout des conquérants. Ils poursuivent un but particulier de légitime ou injuste ambition, et Dieu fait jaillir de leur triomphe des effets qui échappaient à leur courte prévoyance. Mais ici, on peut le dire, tout était prévu, du moins en son germe. Le Prince infortuné qui tenta et accomplit, malgré d'innombrables contradictions, cette glorieuse conquête, avait déclaré hautement qu'il entendait venger l'opprobre universel, qu'il voulait servir les *intérêts généraux de la Chrétienté* [1], *et que la cause de la France était celle de l'humanité* [2]; et, par lettres closes adressées à l'Épiscopat, il avait demandé des prières publiques pour le succès de la guerre, *notre triomphe devant être un bienfait pour la religion et l'humanité* [3]. Il avait fait connaître aux cabinets étrangers qu'il se proposait un triple but, savoir, la destruction définitive de la piraterie, l'abolition absolue de l'esclavage des chrétiens, la suppression du tribut que les puissances chrétiennes payaient à la Régence [4].

Est-il possible, je vous le demande, que Marie, le *secours des Chrétiens*, que la glorieuse triomphatrice de Lépante soit demeurée étrangère à l'inspiration et au succès de ce noble dessein? Elle, canal privilégié de toutes les grâces divines, n'aurait pas versé des flots de bénédictions sur une œuvre de cette nature? Elle, la tutrice des nations, se serait tenue à l'écart dans le ciel, au moment d'une lutte suprême pour l'affranchissement des peuples chrétiens? Elle, la patronne avouée de la France, aurait négligé son royaume d'adoption, alors qu'il engageait, pour l'honneur de la chrétienté, la fortune de ses armes? Elle, qu'on n'invoqua jamais en vain, aurait mis en oubli les touchantes prières que lui adressa, pendant tant de siècles, l'Église d'Augustin, devenue plus tard l'Église du bagne? Le cri du sang de tant de confesseurs et de tant de martyrs, qui, dans Alger même, souffrirent héroïquement la mort, en invoquant son nom jusqu'à la fin [5], ne serait donc pas monté vers elle, ou elle l'aurait repoussé avec dédain? La voix de tous les cœurs généreux, qui

---

[1] Toute la correspondance officielle, avant et après la prise d'Alger, témoigne expressément de ce point de vue.

[2] Ordre du jour du Commandant en chef de l'armée, en date du 10 mai 1830. Voir, sur ce point, M. A. Nettement. *Hist. de la conquête d'Alger.*

[3] Lettres closes aux évèques de France, avant et après la prise d'Alger.

[4] Lettre du Prince de Polignac au Duc de Laval, Nettement, page 268.

[5] Voir Haëdo : *Dialogos de los martyres.*

l'appelaient au secours de nos braves, n'aurait trouvé non plus aucun écho dans ce cœur de Reine et de Mère? Ce n'est pas un chrétien qui le dira.

En effet, pendant que le faux libéralisme essayait d'entraver la marche d'une si belle entreprise ; pendant qu'il cherchait à épouvanter notre armée, en lui rappelant l'inutilité des tentatives antérieures, l'échec de Charles-Quint, Oran, après une longue possession, forcément abandonné par les Espagnols et même l'inutilité prétendue des Croisades ; pendant qu'il hérissait la Méditerranée d'écueils et soulevait ses flots par des tempêtes factices ; pendant qu'il prédisait le naufrage sur les eaux et le massacre sur la terre ; en un mot, pendant que ses discours, gros d'orages et de sang, amoncelaient les désastres sur la tête de nos soldats, peu sensibles à de telles prophéties, que faisait la France chrétienne, la France du bon Dieu ? Beaucoup d'entre vous peuvent se le rappeler : elle se recueillait dans les souvenirs d'un passé plein de douleurs et de hontes, et s'agenouillait au pied des autels de Marie, pour lui demander de pouvoir, enfin, y mettre un terme. De toutes les chaires de l'Épiscopat partaient des Mandements, qui ordonnaient des prières à Marie ; l'image de Marie passait des mains d'une sœur ou d'une mère sur la poitrine de nos braves ; et la mémoire de Lépante, avec ses rayonnants présages, venait se placer sur toutes les lèvres fidèles, s'enlaçait à nos drapeaux, et, du haut des mâts de nos navires, prophétisait le succès. La flotte française quittait Toulon, le 17 mai, en plein mois de Marie ! Vous savez le reste : Trente ans de combats et de victoires l'ont appris au monde entier.

Aussi, l'un des premiers soins de la religion, en Algérie, fut-il de constater la reconnaissance de tous par le titre de Notre-Dame-des-Victoires, donné à une vieille mosquée, convertie provisoirement en église. Mais, qu'est cela pour un pareil bienfait ? En quoi reluit la grandeur de la France, sur cette pauvre demeure tellement insuffisante, même aux besoins d'un centre paroissial, qu'une de nos premières nécessités, si toutes les nécessités ne marchaient pas ici de pair, serait de demauder sa reconstruction ou son remplacement? En quoi surtout la reconnaissance de la chrétienté vengée de tant d'outrages, affranchie de tant de périls, de tant de gênes, de tant de frais honteux et de tant d'avanies sanglantes ou dérisoires, s'y montre-t-elle en caractères dignes d'une telle faveur ?

En des temps moins orageux, la noble patrie des chrétiens et des braves n'eut pas manqué de dresser à la mémoire de sa conquête un splendide monument de reconnaissance ; mais les révolutions, en changeant, chez nous, quatre fois, en un quart de siècle, la forme du Pouvoir, ont mis obstacle à l'épanouissement de la foi et de la fierté nationales. Devons-nous en éprouver quelque regret ? nous ne le pensons pas. Ce que la politique n'a pu faire avec l'or du budget de la France, la religion se charge de l'essayer avec les deniers de la gratitude universelle. La religion, elle, n'a point à redouter les susceptibilités de la politique, encore moins a-t-elle à craindre d'éveiller les rivalités étrangères ; elle ne fait pas ici une œuvre de personne ou simplement de patriotisme local : elle se place plus haut; elle se met à la tête des devoirs de la chrétienté. Sans doute, elle ne saurait oublier les hommes qui, depuis trente-deux ans, ont été, aux mains de Dieu, les instruments de la conquête ; mais elle remonte droit à celui qui, seul, *est maître de la victoire*[1], et après Dieu, elle remercie, avec effusion, Celle qu'à bon droit elle en regarde comme l'intermédiaire . Elle dit à tous :

« Venez avec moi, dressons à la gloire de Dieu et à l'honneur de Marie un monument qui nous relève d'une apparence d'ingratitude et d'oubli, comme la conquête nous a relevés d'une déchéance sans exemple et sans nom. Que les esprits dédaigneux des formes sensibles estiment que le meilleur moyen de consacrer une grande victoire, c'est d'en continuer le succès et d'en recueillir les fruits, je ne me refuse point à le reconnaître ; mais cette métaphysique puritaine ne paie pas la dette de la

[1] Aux Écritures, c'est toujours Dieu qui donne la victoire.

reconnaissance envers le Très-Haut et ne suffit pas au religieux instinct des peuples : le bon sens, l'histoire sont là pour l'attester. Venez donc tous, chrétiens de tous les pays, de toutes les nations de l'Europe, affranchie désormais de la piraterie et de l'esclavage, venez soldats et marins, instruments de Dieu dans cette magnifique victoire ! venez et dressez de vos mains ce trophée de gratitude, ou plutôt laissez-nous aller à vous pour solliciter le concours de votre obole reconnaissante. Autrefois, les ambassadeurs de la charité parcouraient, en mendiant l'or nécessaire au rachat des captifs, les villes et les villages de la chrétienté, le Pérou même leur accorda le sien ; c'est, aujourd'hui, l'ambassadeur de la reconnaissance chrétienne qui vient frapper à la porte de vos cœurs, et qui vous demande une obole pour ériger un monument, digne des bienfaits qu'elle constate ».

« Plus tard, vos petits enfants demanderont ce que signifie ce monument : *Quæ est ista religio* ? Vous leur répondrez, et le monde entier pourra répondre avec vous, comme Moïse, après la miraculeuse traversée de la mer Rouge : il signifie le passage du Seigneur, *Victima transitûs Domini est* [1]. Un jour, au nom de l'humanité et de la chrétienté rassasiées d'opprobres, la France traversa la Méditérannée sur des vaisseaux bénis par la religion. C'était dans le mois consacré à Marie et au moment où les vœux de tous montaient vers elle. Le souffle de Dieu enflant nos voiles, cachait le triomphe dans leurs plis et la main de Marie écartait les tempêtes. Nos braves abordèrent, sans sourciller, des rives fertiles en naufrages et couvertes de bataillons armés de fanatisme encore plus que de fer. Tout tomba devant la bravoure du chrétien. La France victorieuse, retournant, avec la plus vive émotion, la poignée de son épée vers le ciel, en fit la première croix, et l'inclinant, sanglante encore, devant l'image de Marie, elle la salua de nouveau Reine de la victoire. Ce triomphe fut beau ; mais, comme la conquête elle-même, il attendait son couronnement. Après vingt-sept ans de luttes, lors-

[1] Exod. 2, 27.

que, le jour même de la fête de Notre-Dame-Auxiliatrice [1], une dernière campagne a terminé tant de glorieux combats le moment n'est-il pas venu, de dresser, en regard de ces belles montagnes où s'est bravement accomplie là conquête, un pacifique souvenir de reconnaissance au Dieu des armées, sous le patronage de Marie ? Qui oserait dire que Dieu n'est pour rien dans cette suite admirable de triomphes, que Marie n'y a pas concouru non plus, ou, enfin, qu'il existe un moyen plus sûr d'en glorifier Dieu que de l'en remercier par Marie. Si nous l'osions, nous pousserions le cri de nos pères : *Dieu le veut.*

En tous cas, s'élèvera-t-il une seule voix discordante au milieu du concert universel qui a salué notre projet comme une inspiration aussi européenne que religieuse, comme une idée de civilisation autant que de dévotion ? Ce ne pourrait être ni celle des âmes ferventes, pour qui la reconnaissance n'est autre chose que l'amour ; ni celle des âmes vraiment françaises, à qui plaît et sourit tout ce qui peut honorer la France ; ni celle de la ville d'Alger, qui verra la première page de son histoire chrétienne écrite, pour l'immortalité, dans un splendide monument rayonnant au-dessus de son front, comme un diadème ; ni celle de l'Algérie, appelée à prendre rang parmi les populations qui ont le sentiment de la grandeur en même temps que la mémoire du bienfait ; ni celle du commerce, si heureusement affranchi ; ni celle de l'armée, ni celle de la marine, dont nous voulons immortaliser la gloire africaine ; ni celle des nations chrétiennes rendues à leur première dignité ; ni, enfin, celle de la politique dont nous écartons entièrement le souvenir. » Ce langage de la religion sera entendu de tous [2], et le passé de l'Afrique aura conquis son trophée de reconnaissance envers Marie.

Le présent fait-il écho sur ce point au passé ? Oui, sans doute. La situation actuelle de l'Algérie exige de nous, Algériens, une

---

[1] Prise du village des Beni Raten, le 24 mai 1857.

[2] Les indigènes eux-mêmes, amis des pèlerinages, se sont prêtés avec grâce à notre souscription ; dans une seule petite ville, les Arabes nous ont remis 400 fr.

solennelle démonstration, dont il suffira de vous présenter un
exposé sommaire.

Chapelle de pélerinage en Algérie, solennelle manifestation pour le présent

L'univers catholique est encore et demeurera longtemps sous
l'impression causée par la proclamation du dogme de la Conception Immaculée de Marie. Jamais, dans la durée de l'Église,
mouvement pieux ne remua la dévotion des fidèles avec une
telle promptitude, à de telles distances et d'un pareil enthou-
siasme. Aussi, quel événement et quelles circonstances! C'est
peu de temps après que l'exil de Gaëte a porté les esprits faibles
à douter du sort de la Papauté, qu'une parole tombée de ses
lèvres fait incliner, du respect de la foi, deux cents millions de
fronts catholiques. C'est dans un siècle où une science superbe
affecte de ne croire ni au péché originel, ni à l'incarnation du
Verbe, ni à la rédemption du genre humain, ni à la nécessité de
la grâce, que l'Église proclame par la bouche de six cents Évêques solennellement consultés à l'avance, et surtout par la voix
du Souverain Pontife, leur docteur et leur chef suprême, que,
par les mérites futurs du Rédempteur qui devait s'incarner dans
ses entrailles, Marie a été préservée, dès le moment de sa conception, de la tache originelle. Glorieux privilége que la piété
vénérait avec amour! elle fut heureuse de l'entendre proclamer
comme une doctrine de foi, par l'autorité qui a reçu les infail-
libles promesses de la vérité. C'est pourquoi, d'un bout de l'univers à l'autre, éclatèrent de vives démonstrations de soumission
à la croyance définie ; partout de splendides illuminations, des
fêtes magnifiques, de pieuses processions ; et chaque année, le
8 décembre reproduit les mêmes transports. Là où des monuments existaient en l'honneur de Marie conçue sans péché, le
zèle les restaure ou les embellit, et la générosité spontanée des
fidèles en érige là où il n'en existait pas encore. Rome et Mar-
seille inauguraient, le même jour, et, avec le même entrain,

d'admirables trophées à sa gloire ; Boulogne et le Laus couron-
naient leurs Madones ; les villes catholiques de l'Allemagne
dressaient leurs colonnes commémoratives ; Le Puy achevait sa
statue colossale avec les dons de la France et le bronze de Sébastopol ; Toulouse prépare son monument de triomphe, et, de tous
côtés des églises nouvelles se construisent sous le titre de l'Immaculée Conception.

L'Algérie voudrait-elle se soustraire à ce mouvement général
du catholicisme, elle qui doit à Marie sa renaissance ; elle qui
trouve vivante encore la croyance à ce dogme si touchant dans
les écrits de ses premiers docteurs et dans le Koran lui-même,
dont le texte suivant décorait le chœur de la Mosquée, devenue
aujourd'hui l'église cathédrale : « *Dieu t'a choisie, il t'a exemptée
de toute souillure, il t'a élue parmi toutes les femmes* [1] ? » Avons-
nous besoin de le dire ? Un monument érigé dans ce but de
communion universelle à la croyance de l'Immaculée conception
aurait chez nous une portée sinon plus élevée, ou moins plus expressive ; et, par là même, ce monument est plus nécessaire ici
que partout ailleurs, en même temps qu'il sera un témoignage
de foi par l'adhésion publique de l'Algérie à la doctrine de l'É-
glise, il protestera hautement contre les désordres qui l'affligent.
Vierge sans tache, et, et même temps, épouse, mère et reine,
Marie, dominant, du sommet d'un riche édifice, la terre, la
la mer, la cité, les campagnes, en appelant à ses pieds tous les
hommages, qui ne comprendrait le sens d'une pareille manifestation ?

Ce qui fait la grandeur des sociétés, ce n'est pas leur richesse,
ce n'est pas leur force, c'est leur vertu, c'est leur moralité, c'est
l'élévation de la famille, c'est la noblesse et la pureté des principes qui la régissent et des sentiments qui l'inspirent. Or n'est-
ce pas ici notre côté faible ou plutôt n'est-ce pas la plaie, la grande
plaie de la Colonie ?

On aura beau voir le nier, en cherchant dans quelques excep-

---

[1] Kor. c. 3 , v. 30.

-tions honorables la règle de la situation, nous ne cesserons de le dire, parce que nous le voyons de nos yeux : chez les Indigènes, l'abjection de la femme est profonde. Si la pudeur nous défend de répéter ce qu'enseigne le Koran, comment nous permettrait-elle de peindre les vices ignobles qui découlent, sans flétrissure et sans remords, de ses infâmes tolérances ? Sans doute, la polygamie, autorisée par le faux prophète, est devenue rare ; est-ce parce qu'elle est odieuse ? Non, c'est parce qu'elle coûte cher, et parce qu'elle est une semence de discordes intestines ; mais le divorce, et le divorce pour les plus futiles raisons, la remplace partout. Nous ferions hausser les épaules de ceux qui nous écoutent, si nous disions sur ce point tout ce que nous savons. Fragile et provisoire instrument de labeur et de volupté, la femme indigène n'a pas même le soupçon de sa destinée surnaturelle ; comment aurait-elle l'inspiration du devoir et des vertus qui l'honorent ? Apprise, dès l'enfance, au culte des sens, la jeune fille n'a pour la virginité pas plus d'admiration que d'attrait. Reine dans son intérieur, à côté de son époux, roi de la famille ! la femme musulmane ne le fut jamais. Nous ne dirons pas que le sentiment de la maternité lui échappe ; mais nous demanderons ce qu'est une mère dont un caprice peut à tout instant briser le lien qui l'unit à sés enfants et bannir à jamais, pour le jeter à d'autres, le sein qui les a nourris. Pour faire tout comprendre, en un mot, demandez à l'Arabe si la femme a une âme, il n'en sait rien ; si elle a sa place marquée au paradis, il vous répondra comme il nous a souvent répondu : si cela plaît à son mari. Est-ce assez d'abjection, disons plus, est-ce assez d'infamie ?

Grâce à la doctrine de l'Evangile, la femme a, chez les Européens d'Algérie, comme en toute nation chrétienne, sa grandeur morale et sa légitime influence. Tant qu'elle le veut, elle demeure sacrée, la femme ; et le souvenir de Marie, Vierge, Mère et Reine, jette sur son sexe un reflet d'ineffable pudeur et sur sa condition, quelque obscure qu'elle soit, un rayon de majesté domestique. Cette pensée est vivante dans tous les esprits ; mais que d'atteintes même publiques ne reçoit-elle pas dans les mœurs ?

Hâtons-nous de le proclamer cependant : d'immenses améliorations dans la famille ; un niveau plus élevé de moralité chrétienne ; la jeune fille, élevée partout sous l'aile de la religion, et, dans un grand nombre de localités, par les soins des vierges consacrées à Dieu, gardant, avec une gracieuse dignité, les habitudes de la modestie et de la réserve ; le mariage célébré au pied des saints autels ; la femme de distinction cherchant dans les œuvres de charité un aliment à l'activité de son zèle ; la licence obligée de recourir au déguisement pour échapper à la flétrissure, tout atteste que l'Algérie se pénètre chaque jour, de plus en plus, de l'esprit chrétien et que les efforts si multipliés du sacerdoce, des communautés, des associations religieuses et de certaines âmes d'élite ont été couronnés de succès. Appeler aujourd'hui, comme cela s'est fait trop longtemps, *mariage africain*, une alliance irrégulière, c'est outrager la Colonie, qui s'est promptement relevée des honteuses dépravations du passé. Et, pourtant, quels scandales viennent encore et trop souvent assombrir le tableau de nos conquêtes spirituelles ! Que d'unions anciennes on pourrait rencontrer, que la religion n'a pas bénies et transformées en mariages véritables ! Dans les villes et dans les camps, que de désordres faciles et sans remords, malgré la loi de Dieu qui les condamne ! Combien de jeunes filles oublient le plus impérieux devoir de leur âge ! que de démoralisation dans la plupart des jeunes gens ! Nous voyons encore des mères abominables qui laissent tomber sciemment ou qui, chose horrible à dire ! précipitent, elles-mêmes, par une infâme cupidité, leurs enfants dans le mal. Est-ce que nos maisons de repentir ne regorgent pas des victimes, jeunes, hélas ! bien jeunes encore, d'un sensualisme tout païen ? Que de larmes aux yeux des épouses et que de plaintes fondées sur leurs lèvres ! Que de fils insensibles à la voix maternelle et repoussant l'autorité qui les gêne, pour se livrer au désordre qui les ruine ! Combien de fois n'arrive-t-il pas que le père, au lieu de tenir ferme, sur le front d'une mère, la couronne de sa royauté, la renverse, aux yeux mêmes de ses enfants, par le mépris et par la protection donnée à la licence

Protestons de toutes nos forces contre ces immoralités qui déshonorent un peuple, empêchent le développement régulier de la famille, ralentissent l'essor religieux de la Colonie et attirent les malédictions de Dieu ; car il retire *son espirt de l'homme qui corrompt ses voies pour devenir chair* [1].

Quel moment plus propice choisirions-nous donc pour une protestation? Pendant que, du sein de la réforme protestante, naissent des sectes monstrueuses, qui retournent effrontément à la polygamie et la défendent à main armée, comme les Mormons des Etats-Unis ; pendant que la Prusse repousse toute proposition tendant à restreindre la liberté du divorce ; pendant que l'Angleterre elle-même, pour le favoriser, fait plier l'inflexible rigueur de ses traditions, il sera beau, dans un pays naissant et se constituant au milieu des tolérances de l'Islamisme, de montrer son invariable fermeté dans les saintes doctrines de pureté, d'unité, d'inviolabilité, seules bases de la famille chrétienne, seul principe de la dignité de la femme régénérée par Jésus-Christ. Un monument à Marie aura toute la valeur d'une protestation et de la protestation la plus énergique, en même temps que la plus douce. Charme de l'innocence, angélique pureté, respect pour les devoirs les plus délicats, noblesse qui naît d'elle-même, autorité qui s'exerce par la foi, puissance que donne l'amour, ferveur dans la charité, récompense immortelle accordée à la douleur généreuse et à l'humilité cachée sous le voile de la grandeur, voilà ce que dira cette triple couronne de virginité, de maternité et de royauté chrétienne de la femme, dont nous ceindrons amoureusement la coupole de notre pieux édifice. Ah ! puissiez-vous n'oublier jamais le sens éminemment moral que nous y attachons aujourd'hui ! puissiez-vous comprendre la nécessité de l'exprimer au plus tôt par un monument, qui prenne sa date dans la conscience des fidèles, encore plus que dans le millésime du temps.

Nous empruntons aux besoins présents de l'Algérie un autre

---

[1] Gen. 6, 3.

motif en faveur de notre œuvre, c'est la nécessité d'établir un centre d'unité et de fraternité, dans un pays composé d'éléments si divers. Arrivés de tous les points de la France et de l'Europe, étrangers les uns aux autres, distingués déjà, sinon séparés, par départements et par provinces, les uns soldats, les autres civils, tous plus ou moins mêlés aux indigènes, sans racine dans le pays, et la plupart dominés par l'idée du retour au foyer qui les vit naître, les habitants de l'Algérie ne forment pas encore une famille. On est voisin, on n'est pas ami; on est juxtaposé, on n'est pas uni. Les intérêts se choquent, les ambitions se coudoient, les alliances et les destinées se nouent au dehors. Et cependant on ne peut s'unir par le cœur que dans une pensée commune, que dans un intérêt commun, que dans une espérance commune. Pour rendre notre union sensible et durable, il faut une manifestation qui réponde à cette pensée, qui rappelle cet interêt, qui soutienne et féconde cette espérance. Or, rien n'est populaire au même degré comme le nom de Marie, et, par là même, rien n'est plus propre à servir de trait-d'union entre nous.

Chose remarquable! notre siècle est bien peu croyant ; il croit cependant, quoi qu'on en dise, plus qu'il ne le voudrait, peut-être. Ce qui le prouve, c'est qu'il est par excellence le siècle de Marie. Jamais son culte n'eut plus d'éclat, jamais autant d'universalité. Vous le trouvez partout : sur la terre, sur la mer, dans les temples, au foyer domestique, dans les chaumières, et jusque dans les camps. Quel nom, après le nom de Jésus, enseigne-t-on à l'enfant dont la raison est à peine éclose ? Que dis-je ? l'enfant n'est pas sorti des fonts du baptême que vous suspendez à son cou la médaille de Marie. Est-il malade ? on le voue à Marie et on le revêt de sa livrée d'azur. Quelle protection invoque-t-on la première dans les périls de la terre et des flots ? celle de Marie. Quelle église pourrait-on dresser aujourd'hui, sans exciter les murmures des fidèles, à moins d'y placer, près de l'autel de Jésus, un autel de Marie ? Quand nos soldats allaient, à l'orient de l'Europe, à la lutte gigantesque où s'étaient engagées les plus

grandes puissances du monde, quel étendard flottait, au souffle
de la brise, sur les mâts de nos vaisseaux ? l'étendard de Marie ;
et, le 8 septembre attestait, par la prise de Sébastopol, que la
confiance de l'Empereur et de l'armée n'était pas vaine.

Ainsi, de nos temps, les cœurs chrétiens envoient de tous
côtés leurs aspirations à Marie, et le Musulman lui-même, qui
ne la prie pas, professe pour elle une profonde vénération. Y
a-t-il donc un intermédiaire plus connu, plus unanimement
accepté, plus sûr, plus agréable, plus puissant et plus doux a
choisir. Y en a-t-il un plus capable de fournir le sujet d'une
manifestation d'unité ? Y en a-t-il un autre qui puisse devenir,
au même degré, le lien et l'aliment de la fraternité des cœurs ?

Et comme elle se déploiera davantage encore cette manifestation d'unité et de fratern té, si, comme nous le désirons vivement, notre chapelle continue à devenir un lieu fréquenté de
pèlerinage ? En effet, le pèlerinage en est un des témoignages les
plus éclatants: c'est un point central qui appelle à lui tous les
rayons d'une vaste circonférence, et qui les confond dans un
même foyer. Rien n'est touchant, rien ne parle à l'âme comme
ce mouvement recueilli de foules innombrables d'enfants, de
jeunes gens, de jeunes filles, d'hommes et de femmes, de vieil-
lards, de riches et de pauvres, de malades et d'infirmes, accou-
rant aux pieds d'une statue de Marie, des extrémités les plus
lointaines. On s'est mis en route dès-avant l'aube, on chemine
en récitant la prière du matin, le chapelet, l'*Ave maris stella* ;
de loin en loin, on fait retentir les airs de quelques naïfs et
pieux cantiques, et quand, le soleil dorant de ses premiers feux
la cîme des montagnes, l'*Angelus* vient à frémir dans le creux
des vallées, les pèlerins se découvrent et saluent de leurs pieux
hommages la Reine du ciel. A partir de ce moment, un doux
recueillement saisit le cœur. On monte, en priant de l'âme, jusqu'à l'église qui, en se découvrant aux regards, apparaît comme
une vision céleste. C'est là que l'émotion religieuse est à son
comble. Quels vœux se répandent aux pieds des autels ! quelles
douces larmes coulent de tous les yeux ! quelle confiance anime

les traits de ces figures expressives ! comme la reconnaissance y éclate sur toutes les lèvres et marque sa durée par le souvenir des grâces obtenues dans ces bénis sanctuaires ! comme riches et pauvres, prêtres et laïques, tous n'ont qu'un cœur et qu'une âme, le cœur et l'âme d'un enfant de Marie !

C'est là, n'en doutons pas, le sort de notre future chapelle de pèlerinage. Elle sera le centre religieux, l'arche d'alliance de la piété algérienne. Déjà vous y voyez, agenouillés, les petits et les grands, le soldat et le marin, le Français, l'Espagnol, le Maltais, l'Allemand, l'Italien, coudoyés de temps en temps par l'indigène. Oh ! comme il fera bon y prier tous ensemble pour la prospérité de la France et de l'Afrique, pour la gloire de nos armes, pour la durée de la paix, pour la fécondité de vos champs, et pour celle de l'industrie et du commerce, pour la santé de vos familles, des voyageurs, de ceux, en particulier, que la mer porterait sur ses flots dans les jours de tempêtes, pour la conversion des pécheurs et la persévérance des justes, pour le triomphe de l'Église, en un mot, pour obtenir ces dons merveilleux qui sont en même temps la sève et le fruit de l'unité. Nul doute que Celui qui a promis sa grâce à la prière, faite par deux ou trois, n'en dépose aux mains de Marie la surabondance, en faveur de la prière de tous.

Trophée de reconnaissance pour le passé, haute manifestation pour le présent, notre monument à Marie sera le gage de l'avenir.

Chapelle de pélerinage en Algérie, gage de confiance pour l'avenir

Quand la voix de Dieu nous appela de la chaire d'histoire ecclésiastique de Lyon à la chaire épiscopale d'Alger, nous n'hésitâmes pas à choisir pour devise, et en les appliquant à la nouvelle Église d'Afrique, ces paroles que vous connaissez : *Resurgens non moritur*. Et cependant nous venions d'étudier les grandes vicissitudes par lesquelles avaient passé les nations chrétiennes des siècles écoulés. Nous avions vu les croisés maîtres, pendant cent trente ans, de la Palestine, expulsés par l'épée de Saladin, et nous arrivions alors que Abd-el-Kader luttait encore, avec toute d'énergie et toute l'habileté d'un grand capitaine, contre la bravoure de nos troupes et la supériorité incontestable d'un grand homme de guerre [1]. Mais une confiance entière à la fortune de la France nous faisait présager son triomphe et la durée de son avenir. Nous nous disions : à chaque levée de boucliers, la France a enfoncé dans la poitrine de l'Arabe son épée jusqu'à la poignée ; le jour où il voudrait redresser la tête, elle lui enfoncerait la poignée elle-même jusqu'aux entrailles. Souvenons-nous, toutefois, que la fortune des peuples ingrats envers Dieu n'est qu'éphémère, et qu'il suffit d'un souffle de sa justice pour les flétrir et les dessécher jusqu'à la racine. On a beau s'asseoir dans la plénitude de sa force, éditer de sages lois, donner l'essor à l'agriculture, au commerce et à toutes les industries, on ne vit et l'on ne dure que par la vertu de celui *qui fait régner les rois, donne la sagesse aux législateurs* [2] *et prépare les mains aux batailles* [3]. Il en est des nations comme des particuliers, et le même commandement en est fait aux uns et aux autres : « Voulez-vous passer de longs jours sur la terre, honorez votre père et votre mère [4]. » Ce père n'est pas seulement celui dont nous tenons le jour, ni celui qui est au sommet de l'État et auquel nous devons l'ordre et la sécurité ; c'est encore, c'est avant tout celui *de qui vient toute paternité* [5], parce que lui seul tient entre ses mains les destinées du monde, parce que *la justice élève les nations et que le péché les rend misérables* [6]. Cette mère n'est pas seulement celle que nous a donnée la nature, ce n'est pas seulement l'Église par qui vous avez reçu et qui entretient en vous la vie spirituelle ; c'est encore, c'est surtout la patronne de toutes

---

[1] 1846. Maréchal Bugeaud.
[2] Prov. 8, 15.
[3] Psalm. 17, 35.
[4] Exod. 20, 12.
[5] Ephr. 13, 15.
[6] Prov. 15, 34.

les mères et la Reine de l'Église, c'est Marie! dont le sceptre miséricordieux s'étend sur l'univers entier. Qui pourrait douter qu'un sanctuaire, érigé, de nos deniers, à la gloire de ce Père et à l'honneur de cette Mère, ne devienne pour l'Afrique une source de bénédictions et une des conditions de son avenir? *Dieu aime celui qui donne avec joie* [1]. La récompense ne saurait se faire attendre ; et ce qui est offert à la Mère sera rendu au centuple par le Fils ; c'est une vérité d'expérience, autant que de foi et de bon sens. Est-ce que les échos de l'histoire ne répètent pas incessamment le beau défi de saint Bernard : « On n'a jamais ouï dire que personne ait eu recours à Marie et qu'il ait été abandonné? » Ce que la dévotion des peuples obtient partout ailleurs dans ses pélerinages fameux, nous l'obtiendrons aussi; le nôtre deviendra célèbre, à son tour, par les faveurs célestes dont il sera le théâtre. Phare de lumière, il resplendira sur nos esprits de tous les feux de la vérité ; arche d'alliance, il s'enrichira pour nos cœurs de tous les dons de la grâce ; tour de David, il sera la mystique citadelle au pied de laquelle viendront s'émousser tous les traits de l'ennemi ; port de refuge, il ouvrira ses abris à tous les naufragés du corps, de l'esprit et du cœur : chaque voix suppliante y trouvera son écho dans les cieux.

Nous ne disons pas ces choses sans un secret frémissement de joie, tant nous voyons l'avenir de l'Algérie s'illuminer de magnifiques espérances ! Il en est une surtout que nous n'hésitons pas à vous faire connaître, c'est la pensée que, du haut de la coupole de Marie, partira, béni par le succès, un libre et pacifique mouvement de retour, parmi les indigènes. Notre siècle, dans sa tolérance, a beau proclamer que tous les cultes sont également agréables à Dieu, c'est-à-dire que le oui et le non, le bien et le mal sont, en mérite, égaux devant lui; les insensés ont beau dire : c'est une honte de changer de religion, c'est-à-dire qu'il vaut mieux rester dans une erreur, même immorale et impie, que d'embrasser la vérité, quand elle se montre à nos yeux.

[1] II. Cor. 9, 7.

L'Évangile proclame une tout autre doctrine. Non, il n'y a qu'une foi et qu'un véritable culte, parce qu'il n'y a qu'un seul Dieu, qu'une seule humanité, qu'une seule et même révélation de Dieu faite, en divers temps, à l'humanité. Il y a donc, en principe, pour toutes les âmes, une impérieuse obligation d'être chrétiennes ou catholiques; abjurer une fausse théorie de doctrine, c'est donc entrer dans la religion, ce n'est pas en changer. Si la prudence ou la nécessité peuvent imposer des jours d'arrêt au prosélytisme de la parole, qui voudrait tout ramener à l'unité, il est un prosélytisme qui ne compromet aucun intérêt, et qui, par là même, ne doit jamais cesser, c'est le prosélytisme de la prière, ajoutons: de la prière à Marie. L'Église l'appelle avec raison la Reine des apôtres; elle lui attribue l'honneur *d'avoir vaincu toutes les hérésies* [1]; oh! pourquoi n'irions-nous pas demander à son nouveau sanctuaire, la grâce que l'univers catholique appelle de tant de vœux? La conversion des indigènes est, dans toute la chrétienté, l'objet des plus ardentes prières; personne, même parmi les politiques et les mondains, qui ne dise: Quand donc les Arabes se feront-ils chrétiens? Une voix intérieure se fait entendre à notre âme et elle nous dit que les signes des temps se multiplient et se rapprochent. La stérilité de nos efforts ne nous a jamais découragé. Notre confiance même a doublé depuis le jour où nous avons vu proclamer le dogme de l'Immaculée Conception; car nous n'avions pas oublié que plusieurs saints ont attaché, par avance, à cette date solennelle la promesse de grands triomphes pour l'Église. Or, quel triomphe plus éclatant pour elle que celui du changement des plus redoutables ennemis de sa foi? Non, les supplications dont nous remplirons constamment la sainte chapelle de Marie, ne resteront pas toujours sans résultats. A nos vœux se joindront, par une sainte confraternité de zèle, les vœux de l'univers catholique, ceux de l'épiscopat, du sacerdoce, des communautés, des âmes ferventes, de tous les membres de la Propagation de la foi; de

----

[1] *Bréviaire Romain,* In Festis B. M. V. I. Ant. 3ͥ Nocturni.

tous les saints d'Afrique, de tous les élus de la gloire et ceux
de Marie elle-même. Si nous ne prenons pas des illusions pour
de légitimes espérances, nous osons vous le prédire : Viendra,
viendra bientôt un jour où Celle que les Musulmans vénèrent
comme la mère d'un grand prophète leur ouvrira les yeux sur la
divinité de son Fils, et qu'ils honoreront en elle, avec nous, la
mère de Dieu et des hommes. C'est la seule vengeance que nous
réclamions de tant d'or extorqué, de tant de terreurs sur la terre
et sur les flots, de tant d'opprobres, de tant de persécutions, de
tant de siècles d'esclavage et de tant de sang versé en haine du
nom chrétien. Nous sommes assurés que nos confesseurs des
bagnes, que nos nombreux martyrs africains, ne désavoueront
pas ces évangéliques représailles, et que Marie, leur consolatrice
dans la douleur, y applaudira comme une reine qui tend les bras
au repentir, et demande grâce pour lui.

Traduisons allégoriquement une pensée qui ressort pour nous,
comme une vision d'espérance, des faits que nous avons indiqués
plus haut.

Lorsque nos pères d'Afrique fuyaient un sol inhospitalier et
s'en allaient dans l'exil, où les chassait la persécution des Van-
dales, Victor de Vite, un des exilés, adressait, pour la restauration
de cette Église, une touchante prière aux patriarches, aux pro-
phètes, aux apôtres, aux martyrs, à tous les élus du ciel ; dans
cette prière, il n'osait pas nommer Marie. C'était le moment où
la colère de Dieu s'épanchait par torrents sur un peuple infidèle
à ses lois [1]. Tant que la coupe des vengeances divines semble
n'être pas épuisée, on dirait que Marie se tient, en silence, auprès
du trône de son fils. Quand survient le généreux ébranlement des
Croisades, Marie s'approche de Jésus et lui demande si, en même
temps qu'on va racheter, avec son tombeau, les esclaves de
l'Orient, rien ne sera fait pour rendre à la liberté cette Église
d'Afrique où elle reçut tant d'hommages Jésus lui répond : *Mon
heure n'est pas encore venue* [2] ; mais allez, remplissez votre rôle de

---

[1] Voir Salvien : *De Gubern. Mundi.*
[2] *Joan.* 2. 4.

Consolatrice des affligés; et trois Français reçoivent la visite de Marie, et la rédemption des esclaves devient pour l'Afrique une source de bienfaits. En 1830, la Vierge-Mère s'agenouille encore une fois aux pieds de Jésus et lui demande, au nom de sa croix trop longtemps outragée, la conquête de l'Algérie: Allez, lui est-il répondu, soyez reine de la victoire; et l'Algérie cède aux efforts de nos armes, et la terre d'Augustin voit rentrer, avec tous les honneurs du triomphe, l'Évangile qui en était banni depuis douze siècles. Oh ! quand sera bâti votre temple, ô Marie, quand tous les vœux de la chrétienté se résumeront dans une prière quotidienne pour la conversion de nos chers Indigènes, nous vous en conjurons, présentez-vous devant le trône de votre Fils, montrez-lui ces foules aveuglées par la tradition héréditaire de la superstition, demandez-lui si, en regard de votre sanctuaire de prédilection, il permettra que plusieurs millions d'âmes demeurent esclaves de l'erreur et de la volupté, et, nous l'espérons, Jésus vous répondra: Allez, *Reine des apôtres*, répandez le feu sacré ; que tout cède à l'attrait de votre prière et à celui de ma grâce : qu'il n'y ait plus en Algérie, désormais, qu'un bercail et qu'un pasteur. — Jour fortuné, puisses-tu luire bientôt sur nous!

Tels sont les motifs de notre détermination; telles sont les raisons de notre Appel. Que chacun les pèse dans sa dignité d'homme, dans sa reconnaissance et dans sa foi de chrétien, et la cause que nous plaidons sera bientôt gagnée. Nous n'invoquerons pas l'expérience pour dire à tous: En général et sauf les exceptions que Dieu tient dans le secret de sa miséricorde, qui se montre hostile à la gloire de Marie est assuré d'une punition plus ou moins éclatante; qui se montre indifférent à la gloire de Marie est assuré d'éprouver à son heure, l'indifférence et l'abandon du ciel et même celui de la terre; qui se montre dévoué à la gloire de Marie est assuré d'en recevoir, en mille occasions, la récompense ; nous nous tiendrons dans les motifs spéciaux que nous venons d'esquisser. Au lieu des milliards qu'a coûtés le rachat des esclaves, nous demandons à peine quelques cent mille francs pour honorer leur Libératrice ; au lieu des énormes présents que payaient les nations chrétiennes à des forbans, objet d'épouvante, nous demandons à chacune d'elles une obole en l'honneur de celle qui est *la cause de notre joie* [1]. Ou nous nous trompons fort, ou les futiles objections qui partent de la timidité, de la cupidité, de l'esprit particulier, de l'antipathie naturelle à certaines natures contre toute institution qui commence et surtout contre ce qui commence sans elles, et, enfin, celles de la charité aveugle qui, dans la religion, ne voit que les pauvres et ne songe point à l'honneur de Dieu, quand les pauvres eux-mêmes sont les premiers à s'associer, par un intérêt bien entendu, aux entre-prises du zèle; toutes ces objections, disons-nous, tombent d'elles-mêmes devant la grandeur et la sublimité du programme que viennent de nous fournir le passé, le présent et l'avenir de l'Afrique française.

Aussi, nous avons fait comme l'ancien philosophe, devant lequel on niait le mouvement: pour toute réponse, il se mit à marcher. On nous a dit aussi: vous ne réussirez pas; pour toute réponse, nous avons commencé notre œuvre; nous l'achè-verons.

DEUXIÈME PARTIE

—

RÉALISATION DU PROJET D'ÉRECTION, EN ALGÉRIE

D'UNE

CHAPELLE DE PÉLERINAGE EN L'HONNEUR DE LA SAINTE-VIERGE

Origine du projet de la Chapelle de pélerinage

La pensée d'ériger un sanctuaire de pélerinage, en l'honneur de Marie, ne nous est point venue d'hier; elle n'a pas été pro-clamée sans avoir été mûrement réfléchie. Il y a bientôt huit ans qu'elle rayonna pour la première fois à nos yeux; mais ce ne fut

---

[1] Litanies de la Sainte-Vierge.

alors qu'une fugitive lueur, qui s'éteignit rapidement dans la préoccupation de nos affaires diocésaines [1]. Quelques années plus tard, cette pensée vint nous retrouver et solliciter avec instance une place de choix dans notre esprit ; ce fut notre cœur qui la reçut, et, peu à peu, elle réussit à y jeter le germe du projet que vous connaissez maintenant. La prudence nous faisait encore un devoir d'en remettre l'exécution aux chances d'un lointain avenir ; cependant, à mesure que l'idée creusait et faisait son chemin dans notre âme, nous découvrions de nouveaux motifs de rapprocher les temps, et de graves raisons d'opportunité s'offraient, pour ainsi dire d'elles-mêmes à notre foi. Tel fut le progrès de ces convictions que, depuis quatre ans, elles s'étaient définitivement assises et que, le jour de la proclamation solennelle de l'Immaculée Conception, nous n'hésitâmes pas à décider l'érection d'une chapelle de pèlerinage en l'honneur de Marie.

Une fois cette résolution prise et publiée par Mandement épiscopal, notre premier soin fut d'établir une Commission permanente dont les lumières, l'influence et le dévouement nous vinssent en aide, et qui joignît aux efforts de notre parole la sainte activité du zèle, aussi bien que le contrôle persévérant de toutes nos opérations financières [2]. Jamais appel ne fut accueilli avec un

[1] On construisit alors, dans la campagne du Petit-Séminaire, la grotte du Ravin. La dévotion ne tarda pas à s'y porter du dehors. On nous demanda d'y annexer une Chapelle où l'on pût offrir le Saint Sacrifice. Cette pensée n'était pas réalisable dans l'étroit sentier qui conduit à la grotte et elle ne pouvait guère se concilier avec les conditions de l'établissement. De là l'origine pratique, si l'on peut parler ainsi, du sanctuaire de Notre-Dame-d'Afrique ; c'est la goutte d'eau qui a donné naissance au fleuve.

[2] La commission était ainsi composée au début :

MM. HAULDRY DE SOULCY, Inspecteur des Finances,   , Président.
SUCHET, Vicaire-Général,   , Vice-Président.
LAMY, Chanoine, Vicaire-Général, Trésorier.
JOURNÈS, Avocat, Chevalier de Saint-Sylvestre, Secrétaire.
BERNADOU, Chanoine, Archiprêtre, Vicaire Général.
BANVOY, Chanoine,   .
LEMAUF, Chanoine honoraire, Curé de Notre-Dame-des-Victoires

pareil entrain et avec une égale unanimité. Dès leur première
réunion, les membres de la Commission se mettent à l'œuvre,
posent les bases de leur travail, en arrêtent les principales conditions; et, de leurs nombreuses séances générales ou particulières, sortent le projet placé en tête de cet appel, une supplique
au Saint-Père, un commencement de souscription, et, enfin, la
construction d'une chapelle provisoire qui permet d'attendre,
sans une trop vive impatience, un sanctuaire définitif. C'est ce
qu'il nous faut exposer d'une manière moins sommaire.

Y a-t-il lieu de s'occuper à fonder, dès à présent, en Algérie,
une chapelle de pèlerinage en l'honneur de la très-sainte Vierge?
Telle fut la première question posée à la Commission.

Il n'est jamais arrivé qu'une entreprise nouvelle ait, de suite,
réuni les suffrages de tous, alors principalement qu'elle appelait

> DUPOIZAT, Chanoine honoraire, Directeur du Petit-Séminaire.
> BÉQUET, Conseiller-Rapporteur au Conseil de Gouvernement, .
> DE ZUGASTI, Consul d'Espagne, O.✳, Commandeur des Ordres de
> Charles III et d'Isabelle.
> HAINS, Directeur des Douanes, .
> GASSON, Inspecteur des Contributions diverses, .
> MELCION D'ARC, Adjoint au Maire d'Alger, .
> CLOTTES, Payeur, Chef de la comptabilité de la Trésorerie de l'armée
> d'Afrique, Chevalier de Saint Grégoire-le-Grand.
> SAUZAY, Chef de bataillon du Génie, .
> SALVO, Négociant, Maltais.
> MM. HAULDRY DE SOULCY, HAINS et SAUZAY ayant quitté l'Afrique ou Alger,
> restent, le premier, Président honoraire, et les deux derniers,
> membres honoraires de la Commission. Ils ont été remplacés
> titulairement par.
> MM. PIERREY, Avocat-Général près la Cour d'Alger, O.✳.
> RENOUX, Lieutenant-Colonel du Génie, O.✳.
> DE SERRY, Ingénieur en chef des Ponts-et-chaussées, .
> M. BÉQUET, Conseiller-Rapporteur, a été nommé Président de la
> Commission.
> MM. BERNADOU, Évêque nommé de Gap; BÉQUET, décédé; CLOTTES,
> partis pour France, ont été remplacés par:
> MM. SERPH, Secrétaire-général de la Direction des affaires civiles, .
> BRETON, Colonel du Génie, O.✳, Directeur des Fortifications.
> Ch. BROSSELARD, ✳, Secrétaire-général de la Préfecture.
> M. PIERREY, Procureur-Général près la Cour d'Alger, O.✳, a été
> nommé Président de la Commission.

de la part de tous un sacrifice quelconque. On a toujours vu, même en regard des projets les plus sages, les plus utiles, se dresser des contradictions, et, quelquefois la contradiction partir des lèvres de ceux, dont le concours paraissait devoir être le plus naturel et le plus empressé. C'est dans les œuvres de zèle que se manifeste le plus ordinairement une opposition qui rougirait de se montrer dans les œuvres de charité. Pas une création de quelque valeur n'a échappé à cette épreuve. Tantôt on attaque le principe de l'institution qui se fonde, tantôt la forme qu'elle revêt ; tantôt le choix des moyens qu'elle emploie, tantôt celui des personnes qui la composent ; et, quand rien de raisonnable ne peut être allégué sur tous ces points, on invoque l'inopportunité des circonstances parmi lesquelles elle se présente. Pour ignorer cela, il faudrait n'avoir jamais tourné deux feuillets dans le livre de l'histoire. C'est même un des présages les plus certains du succès d'une entreprise religieuse que la contradiction en accueille les débuts : la contradiction est le sceau de la croix. Comment n'aurions-nous pas calculé, à l'avance, que le serpent, dont Marie a brisé la tête, chercherait à mordre au talon notre projet, et qu'il entraverait, par tous les moyens dont la ruse dispose, le triomphe de sa dominatrice ? Nous pensions donc que les objections qui nous venaient du dehors trouveraient, si elles étaient sérieuses, leur écho dans le sein d'une Commission aussi libre qu'intelligente. Nous devons le déclarer, rien de semblable ne s'est produit parmi les membres de la Commission. C'est une preuve de plus que « les drapeaux, hautement déployés, sont les seuls qui inspirent les dévouements sincères. » Nous avons déployé hautement le drapeau de Marie ; nous avons dit nos motifs pour lui ériger un sanctuaire de pèlerinage ; ce principe, dès la première séance, a été compris et admis par l'unanimité des membres de la Commission.

Est-ce à dire qu'un vote muet ait signalé cette adhésion de tous ? Non, certainement ; ce qui s'était dit en dehors, s'est reproduit au sein de nos réunions, et il le fallait bien pour éclairer une discussion dont le résultat avait une telle importance.

Sur le principe même des pèlerinages, on n'a rien objecté ; mais, en fait, on a présenté les objections qui suivent : l'histoire des pèlerinages se perd dans la nuit des temps ; on ne saurait donc en improviser un d'autorité ; c'est la croyance à quelque apparition merveilleuse ou bien aux miracles opérés par les reliques d'un Saint, qui a fondé les pèlerinages, et nous n'avons ici rien de semblable ; enfin, les pèlerinages ont donné naissance à bien des abus qu'il est au moins inutile de transporter en Algérie.

La réponse à ces objections ne pouvait se faire attendre : elle a été donnée sur-le-champ ; la voici :

Les pèlerinages sont très-anciens ! Quelques-uns, oui, d'autres, non ; notre siècle même en fournit de nouveaux [1]. Les pèlerinages très-anciens ! ils ne l'ont pas toujours été, ils ont commencé un jour ; plus tôt nous aurons dressé le nôtre, plus tôt il jouira du privilége de l'ancienneté. C'est une tradition à former, soyons-en les premiers anneaux.

On n'improvise pas un pèlerinage d'autorité, par ordonnance épiscopale. Qui pourrait en douter ? Mais, du moins, rien n'empêche de l'improviser par zèle et par piété : ainsi se créent la plupart des œuvres dans l'Église ; et c'est pourquoi nous demandons au zèle d'en faire les premiers frais, et à la piété d'y rendre ses premiers hommages. Nous ne savons si nous nous trompons ; mais notre manière de procéder nous paraît grande, noble, et même glorieuse pour la Commission. Oui, nous fondons un pèlerinage tout nouveau, sur une montagne sans nom, sans aucun souvenir qui la recommande à la vénération des fidèles [2] ; nous ne pourrons pas dire de notre sanctuaire, avant sa construction: *Fundamenta ejus in montibus sanctis* [3] ; nous ne revendiquerons pas davantage pour lui le prestige de l'antiquité ; nous voulons,

---

[1] Ceux de la Salette, de la Délivrande, à la Martinique. Ce dernier a été récemment établi par Mgr. Le Herpeur, de si regrettable mémoire.

[2] Nous ne connaissions pas encore l'histoire de Caggioli. (Voir la *Touchante Histoire*, etc. Bastide Alger. 1860.

[3] Psalm. 86, 1.

au contraire, qu'il ait ses fraîches origines, sa date précise, ses procès-verbaux, ses archives, et même son histoire de chaque jour. Il ne commencera point, comme tant d'autres, par une *légende* respectable ; il commencera par une ferme adhésion de tous, par un acte solennel de foi, de gratitude et d'espérance universelles. Est-il possible de l'inaugurer d'une manière plus expressive et plus conforme à l'esprit positif et pratique de nos temps ! Sans doute, la poésie n'agitera pas sur ce jeune berceau ses brillantes ailes ; mais l'histoire en redira gravement le souvenir. Heureux les sanctuaires dont un prodige éclatant appelle et marque la fondation ! Il n'est pas démontré cependant qu'il en soit ainsi de tous les pèlerinages fameux ; car les origines de plusieurs échappent entièrement aux investigations de l'histoire. Mais, si le miracle n'est pas nécessaire à l'inauguration d'un pèlerinage, il n'en est pas moins vrai que le pèlerinage provoque ordinairement le miracle, à raison de la vivacité de la foi qui s'y produit et des bénédictions particulières que Dieu lui-même y attache. Au moment où nous vous parlons, nous avons le droit de l'affirmer, les grâces de choix n'ont pas fait défaut à notre œuvre naissante.

Abus des pèlerinages ! Quelle institution, faite pour les hommes et mise entre les mains des hommes, a jamais été sans abus ? L'abus, hélas ! plante parasite, naît pour ainsi dire de lui-même, ou plutôt, il germe dans les sillons du cœur humain, comme sortant de sa racine.

Ce que veut la prudence, ce n'est pas que la crainte des abus arrête l'élan du bien, c'est qu'on prévienne, par de sages règlements, les abus avant leur naissance, ou qu'on les réprime avec énergie, quand on n'a pas su les prévenir. Rapportez-vous-en, sur ce point, à la vigilance et à la fermeté du zèle épiscopal. Ni la superstition ne souillera le nouveau sanctuaire ; ni des fêtes profanes n'en attristeront les solennités de leurs joies bruyantes ; ni la mendicité oiseuse, ni la pauvreté simulée n'en obstrueront les abords ; ni les exercices religieux n'en contrarieront le mouvement régulier des paroisses ; en un mot, rien n'en altérera,

Dieu aidant, le caractère primitif. Il ne faut que l'esprit d'organisation pour empêcher, au début, il ne faut que de l'énergie, pour comprimer dans la suite, les désordres fort exagérés que de faciles imaginations placent, comme inévitables, au seuil de tout pèlerinage. Nous avons visité un grand nombre de ces vénérés sanctuaires ; nous y avons été profondément ému, nous avons admiré la foi et la ferveur des pèlerins ; nous n'y avons jamais rencontré les divers abus qu'on se plaît à signaler. Il est vrai que les esprits légers ne vont là ni pour prier, ni pour remercier Dieu de ses grâces, ni pour demander leur conversion. Ils y vont comme à un spectacle plus ou moins digne d'intérêt ; naturellement ils y voient ce qu'ils y veulent voir et point du tout ce qui est ; portant la frivolité du mépris dans leur cœur, ils se préoccupent de détails insignifiants qu'ils tournent en ridicule, et ils ne se rendent pas compte des merveilles de grâces qui s'opèrent sous leurs yeux [1].

On s'est arrêté plus longuement, dans la Commission, aux objections tirées des circonstances, et dirigées du dehors contre le projet. L'Afrique française n'est-elle pas bien jeune encore pour se mettre à construire un édifice de cette nature, tandis que chez nos pères on ne s'y est mis qu'après de longs siècles ? Nous manquons à peu près partout d'églises paroissiales, n'est-ce pas le premier besoin à satisfaire ? Enfin, la Colonie est pauvre et les temps sont mauvais.

De telles objections amoindrissent et abaissent un projet qui se meut dans une sphère plus large et plus haute. Encore une

---

[1] Nous assistions, en 1843, à St-Pierre de Rome, à la messe célébrée, le 29 juin, par le souverain Pontife ; c'est le plus auguste spectacle dont il soit possible de jouir sur la terre. Un de ces esprits légers y assistait avec nous. Nous revînmes profondément édifié, et lui non moins scandalisé. Il avait vu, disait-il, les Cardinaux se tourner à tout instant les uns vers les autres et converser tout à leur aise. Il fallut lui expliquer que le Sacré Collége récite à haute voix, certaines parties de la messe pontificale. Confus de son ignorance, il se replia dans son orgueil et nous répondit : C'est égal, j'aimerais mieux qu'il en fût autrement. O Pharisiens ! Pharisiens !

fois nous ne faisons pas une œuvre diocésaine ; nous faisons une œuvre universelle. Si c'est en Algérie qu'il est bon d'ériger le nouveau sanctuaire de Marie, c'est parce que l'Algérie a été le théâtre de grandes douleurs, de grandes humiliations compensées par de grandes miséricordes et par d'éclatantes victoires ; mais c'est la chrétienté tout entière qui a porté le poids de ces hontes et recueilli le fruit de ces triomphes ! Si nous adressons, avant tout, comme cela est naturel, notre Appel à l'Algérie, ce n'est pourtant ni sur elle seule, ni sur elle principalement, que nous fondons nos plus riches espérances de concours. Nous dirons aux fidèles de la chrétienté ce que saint Paul disait des pauvres églises de la Macédoine aux riches Corinthiens [1]. Nous croyons être, autant que qui que ce soit, à même d'apprécier son dévouement, et l'on ne nous reprochera pas d'ignorer les difficultés de sa position : ce dévouement, nous avons le droit d'y compter ; mais ces difficultés ne les exagère-t-on pas, sans s'en douter, au profit d'une misérable opposition de système et de parti pris ?

L'Afrique est jeune, cela est vrai ; mais, fait-on ce raisonnement quand il s'agit de toute autre chose ? L'Afrique est jeune ! et cependant elle a gagné cent victoires, elle a construit des villes et des villages, elle a ouvert des routes prodigieuses, elle a bâti des théâtres dont nos pères ont su se passer pendant tant de siècles ; elle demande à grands cris les chemins de fer, elle emploie la vapeur, l'électricité, elle admet toutes les industries nouvelles ; en un mot, elle veut toutes les jouissances de la civilisation moderne. N'y aurait-il qu'avec Dieu qu'elle sentirait le besoin de se proclamer jeune ? Sous ce prétexte, l'étable de Bethléem lui suffirait donc pour son culte ! L'Afrique est jeune ! mais ceux qui sont venus la peupler y sont arrivés avec une religion qui n'est pas jeune, avec des traditions qui remontent au berceau du Christianisme, et ils y ont recueilli, pour les immortaliser, des souvenirs plus d'une fois séculaires. D'ailleurs, plus

____

[1] II Cor. c. 8. v. 2, 3. — 13.

on est jeune, plus les nobles entreprises enflamment l'imagination et ont d'attrait pour le cœur ; plus on est jeune, plus on est généreux. L'Algérie a bien su le prouver quand il s'est agi d'envoyer à nos braves de Crimée la matière d'un innocent délassement : elle a trouvé, dans sa jeunesse même, la raison d'un sourire approbateur pour le projet, et, dans sa générosité, des sommes bien autrement considérables qu'on n'eut osé l'espérer [1]. Comment supposer qu'elle ne ferait pas, pour l'honneur immortel d'une mère ce qu'elle a fait si spontanément pour récréer un instant des frères ?

L'Algérie n'a pas d'églises paroissiales ! Qui donc s'en plaint aussi vivement que nous ? mais est-ce une raison pour écarter le projet d'une chapelle de pèlerinage ? Il y a des besoins d'un ordre tout différent. De là se trouvent, en chacun de nous un instinct individuel qui ne prend souci que de ses propres intérêts ; un instinct de corporation qui s'occupe de sa famille naturelle ou spirituelle, de son village et de sa cité ; un instinct patriotique dont la nation est l'objet, et, enfin, un instinct social qui se prend aux grandes choses de la religion ou de l'humanité. C'est à ce dernier instinct, sans exclure tous les autres, que s'adresse notre Appel. Que l'État ou les communes se hâtent de bâtir les églises paroissiales dont l'absence attriste si douloureusement les regards, ou qu'on en ajourne malheureusement encore la construction, les paroisses n'ont rien à perdre à ce que nos libres dons, qui ne se dirigeraient point vers elles, dressent à Marie un trophée de gratitude, d'honneur et d'espérance. Encore une fois, il n'y a pas là d'intérêt d'antagonisme ou de rivalité, et, par conséquent, l'objection tombe d'elle-même.

L'Algérie est pauvre, les temps sont mauvais ! Nous connaissons la pauvreté de la Colonie, et nous apprécions la dureté des temps ; mais l'histoire ne dit-elle pas que c'est avec le denier du pauvre, aidé des hautes munificences, et dans les temps les plus

---

[1] Les souscriptions pour envoi de cigares à l'armée d'Orient, se sont levées, en Algérie, à 136,899 fr. 42 c.

mauvais, qu'ont été contruits nos plus beaux édifices religieux ?
Qu'êtes-vous devenues, époques de foi, où la parole d'un évêque,
annonçant au peuple l'érection projetée d'une église, électrisait
toutes les âmes? Alors affluaient de tous côtés l'obole de l'indigence et l'offrande de la richesse ; les corporations se divisaient
le travail; tous, sans distinction de rang, d'âge ou de sexe,
tenaient à honneur de prendre au moins une petite part à l'œuvre
sainte. L'un fournissait l'emplacement, d'autres extrayaient ou
taillaient la pierre et le marbre, ceux-ci coupaient et façonnaient
le bois, ceux-là préparaient le fer et le plomb ; ici on dessinait
de gracieuses verrières, là on sculptait de naïves statues; les
femmes tissaient de riches tentures ou brodaient les ornements
qui devaient servir à l'autel ; la masse du peuple transportait les
matériaux ou élevait les murs du saint édifice. Telle était l'activité produite par le sentiment religieux, qu'elle semblait passer des hommes aux choses. La poésie du zèle animait tout. On
eut dit que les arbres se penchaient d'eux-mêmes vers la main
qui déracinait leur tronc ou enlevait leurs branches ; que le fer
s'assouplissait avec amour sous le marteau ; que le ciseau glis-
sant sur la pierre ou sur le marbre, leur imprimait, sans efforts,
les plus gracieux contours ; que les images des saints naissaient
comme des fleurs, sous la palette du peintre ou du verrier ; que
les chars se mouvaient d'eux-mêmes, et que *l'esprit de vie était
dans les roues* [1]. comme l'esprit du Seigneur était dans *l'intelli-
gence* du Maître de l'œuvre [2].

Chose admirable ! même en France, la patience venait s'ajouter à l'ardeur. Des chrétiens quittaient leur pays pour se donner,
leur vie durant, et moyennant leur nourriture, à des temples en
construction. On concevait des plans gigantesques, non par un
vain caprice de l'imagination, mais par le sentiment de la grandeur de Dieu. On savait bien que pour les réaliser, il fallait une
très-longue suite d'années ; mais les générations étaient soli-

---

[1] Spiritus vitæ erat in rotis. Ezech. 1, 20.
Implevitque cum spiritu Dei, sapientiâ et intelligentiâ. Exod. 35, 31

daires. On léguait à ceux qui devaient suivre les travaux enta-
més, avec la certitude qu'ils seraient repris en temps opportun.
Peu importait à ces âmes généreuses, que la construction d'une
basilique durât même des siècles, pourvu qu'à l'exemple des
cieux, les siècles continuassent à *raconter*, en l'exprimant par
leurs œuvres, *la gloire du Très-Haut*[3].

Mais alors le peuple avait la foi, dit-on, et, de nos jours, il ne
l'a plus. — Le peuple n'a plus la foi ! A qui la faute…? N'est-ce
pas la raison de tous les maux de la société actuelle? Ne faut-il
pas, si l'on veut sauver le monde, y ramener le peuple? Et quand
même il serait vrai que le peuple eût perdu la foi dans certaines
contrées, la foi n'est-elle pas demeurée vive dans une foule
d'autres contrées? Ne voyez-vous pas en Algérie, le Maltais, le
Mahonnais, l'Espagnol, l'Allemand, l'Italien, conserver, dans
son intégrité la religion de leurs pères? La femme n'est-elle pas
ici, comme en France, l'honneur du Christianisme ? Ne remar-
quez-vous pas ici, comme en France, chez les hommes en général,
un profond respect pour la religion et de fréquents retours à la
pratique même de la religion? à ceux dont la plainte est sincère,
et qui nous la font entendre, uniquement pour nous empêcher
d'entreprendre une chose qu'ils estiment impossible ou ruineuse,
il sera doux d'apprendre que le peuple s'est montré partout gra-
cieusement docile à notre appel, et qu'aucune objection n'est
partie de ses rangs. Que dis-je ? la misère elle-même a déjà
fait, elle fera suer encore l'argent du fond de son indigence ;
les petites aumônes des colons et des artisans formeront, en se ré-
pétant, une très-riche part de nos collectes; et plus de la moitié de
la dépense sera couverte par les produits de ce genre. Que chacun se montre, proportion gardée, sur ce point, à l'égal du
pauvre, et notre monument triomphal ne tardera pas à s'élever
rayonnant sous le ciel.

Telles furent les objections présentées comme écho du dehors,
à la Commission ; telles sont les réponses ; il ne pouvait y avoir
de doute sur le résultat du vote à exprimer : il fut unanime.

, *Cœli enarrant gloriam Dei*, Ps. 18, 1.

Vocable de la Chapelle de pélerinage

Une fois admise par tous l'opportunité de la chapelle votive, il fallait arrêter le vocable sous lequel on la désignerait à la vénération publique. Celui de l'Immaculée Conception s'est présenté d'abord à la pensée ; celui de Notre-Dame d'Espérance a prévalu quelques jours. Le premier répondait à la proclamation du glorieux privilége de Marie, le second, aux religieux besoins de l'avenir ; mais ni l'un ni l'autre n'avait pour l'Algérie un caractère distinctif, ni l'un ni l'autre n'était un écho du passé, ni la complète manifestation du présent. Il fallait un terme plus propre au pays, et qui, dans l'impossibilité de résumer tous les intérêts engagés, n'en exclut du moins aucun. Nous hasardâmes personnellement, mais sans un grand espoir de succès, le vocable de Notre-Dame-de-Renaissance, vocable qui eût complété la devise de notre épiscopat : *Resurgens non moritur* [1]. La Commission trouva cette appellation juste et ingénieuse ; cependant elle crut devoir l'écarter comme trop recherchée pour le peuple et comme ayant, aux yeux des lettres, le tort de rappeler une époque de l'histoire fort diversement appréciée de nos jours. Il parut naturel de choisir un titre plus simple, un peu vague, mais qui, dans sa généralité, embrassant toutes les idées de l'*Appel*, aurait pourtant un cachet particulier de distinction, celui de Notre-Dame-d'Afrique. Prononcé pour la première fois dans la langue du peuple vainqueur de la Barbarie, ce vocable avait, depuis le premier quart du XVᵉ siècle, au moins, son précédent religieux dans l'église de Ceuta, consacrée sous le titre de *Nuestra senora de Africa*. Cette église, à peine connue des Espagnols qui habitent les environs de Cadix, n'est pas un lieu de pèlerinage. Il n'est donc pas à craindre qu'il y ait jamais confusion dans l'esprit des fidèles ; lorsqu'ils entendront parler de Notre-Dame-d'Afrique, ce n'est pas vers l'église de Ceuta que se portera leur pensée, c'est vers la chapelle monumentale que nous allons ériger.

[1] Rom. 6, 9.

Emplacement de la Chapelle de pélerinage

Quel emplacement choisir pour le sanctuaire de Marie ? Par le fait même du caractère général que nous lui donnons, aucune localité, située dans les provinces ou même trop éloignée d'Alger, ne répondrait à nos vues. Le voisinage d'Alger, métropole de la conquête, principal théâtre du passé, point d'arrivée des troupes, des fonctionnaires, des colons et des voyageurs, remplit seul les conditions du programme. Dans cet ordre d'idées, le grand plateau qui ouvre le fahs Zghara, ou la vallée des Consuls s'offrait naturellement au choix de la Commission. On nous accuserait de chercher à séduire l'imagination de nos lecteurs par la description de ce bel emplacement et du coup-d'œil magnifique dont on y jouit ; c'est l'un des plus grandioses que présentent les côtes de la Méditerranée. Aux poètes de le chanter, aux peintres de le reproduire ; nous ne ferons que l'indiquer.

La colline, semi-circulaire et tournée au Nord-Est, forme un promontoire qui se dégage entièrement, à son sommet, du gigantesque massif dont il est le contrefort le plus avancé. En face et à gauche, la mer, constamment sillonnée de blanches voiles ou labourée par les bateaux à vapeur, s'étend sans limites, tandis qu'à droite elle décrit mollement les plus gracieux contours, aux pieds du rocher de Géronimo, du faubourg de Bab-el-Oued, du phare, de la ville d'Alger, du faubourg de Bab-Azoun, de la baie de Mustapha, de la Maison-Carrée, du Fort-de-l'Eau, du cap Matifou, de la côte de Dellys, et fuit vers celle de Bougie. Par-delà les flots, par-delà ces croupes immenses des habitations de la ville et cette foule de fraîches maisons qui éclatent au loin sur le rivage, la Métidja déroule une partie de sa longue plaine, déjà couverte de villages, de hameaux et de moissons, immense tableau qu'encadrent, d'un côté, la mer et, de l'autre, les premières crêtes de l'Atlas. Au fond se dressent, autrefois menaçants, soumis aujourd'hui, les pics audacieux de la Kabylie et, au-dessus d'eux, plus fier qu'eux, notre Mont-Blanc à nous, le Djurjura, aux cimes raides et neigeuses. Ramenez vos regards et plongez-les au bas de la colline; là serpente, le long des récifs, presque toujours blanchis d'écume, la route de la mer, et un peu à gauche, le riant village de Saint-Eugène baigne ses pieds dans les flots et se couvre de naissants ombrages. Retournez-vous, la vue remonte et contemple, avec ravissement, ce beau diadème de montagnes qui couronnera la chapelle, comme était couronnée l'antique Sion [1], et, sur leurs pentes abruptes, une foule de villas, les unes attachées, comme des aires d'aigle, aux flancs des rochers, les autres parsemées, comme des nids de colombes, au milieu de la verdure des champs ou parmi le feuillage des arbres, et enfin le Petit-Séminaire, autrefois le consulat de France, avec l'ineffaçable souvenir de la conquête [2], avec sa pose déjà solennelle et sa luxuriante végétation. Animez ce tableau des premières lueurs du matin ou des teintes mélancoliques du soir, remplissez-le des souvenirs du passé, que nous avons essayé de décrire, des œuvres du présent que nous avons sous les yeux, des légitimes espérances de l'avenir, qui font battre nos cœurs, et vous sentirez votre âme s'élever instinctivement vers l'auteur de tant de merveilles. Plus tard, quand vous verrez, sous notre ciel si profond et si bleu, rayonner dans les airs et ruisseler des torrents de la plus vive lumière une élégante coupole, vous comprendrez pourquoi nous avons donné un tel piédestal au trône de la Reine des cieux. Ils le comprendront plus profondément encore ceux qui naviguent à travers les périls des flots, quand la sainte chapelle, ouverte à tous les points de l'horizon, sera le premier objet qui frappera leurs regards en arrivant en face d'Alger, et le dernier qu'ils salueront en s'en éloignant. Aussi, l'admiration des innombrables visiteurs que reçoit tous les jours la colline bénie a-t-elle donné le plus complet suffrage au choix de la Commission.

[1] Montes in circuitu ejus et Dominus in circuitu populi sui. Ps.

[2] C'est de là que notre Consul, M. Deval, instruisit le Gouvernement de l'insulte qu'il avait reçue du Dey d'Alger; insulte dont la vengeance amena la conquête de 1830.

Style de la Chapelle de pélerinage

Le style d'architecture qui convenait à la future chapelle ne pouvait être douteux ; c'est, au fond, le style byzantin, mais avec une ornementation appropriée aux circonstances du pays, du climat et du but particuler qu'on se propose, Le style byzantin est, pour ainsi dire, traditionnel en Afrique ; il a le mérite de renouer notre jeune Église à l'Église primitive [1] ; il répond aux nécessités d'une contrée où les tremblements de terre menacent, plus qu'ailleurs, les constructions sveltes, les pointes aiguës et les flèches élancées, et il peut associer la solidité romane à la grâce mauresque. N'oublions pas d'ailleurs qu'il n'y a point eu, chez nous, de moyen-àge en architecture. Le genre ogival n'y a donc jamais figuré qu'en de capricieuses arcatures d'intérieur et qu'en se décomposant suivant la fantaisie des artistes. Après diverses études proposées par différents auteurs, la Commission s'est arrêtée au projet qu'une heureuse et libre inspiration a fait naître sous le crayon de M. Fromageau, notre habile architecte diocésain. Soumis plus tard, à Paris même, à des juges d'une compétence irrécusable, ce plan a reçu leur complète approbation. Il ne nous appartient pas de faire valoir le mérite de cette œuvre ; la gravure, placée à la tête de cet Appel, mettrait suffisamment nos lecteurs à même d'en juger ; mais, nous sommes heureux de leur en offrir la description technique faite par un homme très-compétent.

« Notre architecture byzantine et l'architecture mauresque ont des points saillants de contact, on peut aller jusqu'à dire de ressemblance, malgré le caractère net et tranché qui précise chacun des deux styles et lui assure une originalité propre. Il n'en a pas été moins facile à un habile et ingénieux artiste de rapprocher et de fondre ces deux caractères assez heureusement pour que l'architecture mauresque se transformât, se

---

[1] Les dernières églises bâties, en Afrique, sous Justinien, datent de l'époque de sainte Sephie, type du style byzantin.

christianisàt, si l'on peut ainsi dire, sous l'influence de sa pensée
et de ses études. Le cachet indélébile de la mosquée orientale se
retrouve au fond de sa composition ; mais il s'épure par
la combinaison des lignes accessoires et finit par laisser
percer la physionomie profondément religieuse de nos édifices
byzantins. En un mot : c'est le système général de construction
suivi antérieurement à la conquête et que celle-ci a baptisé des
signes chrétiens.

« Un large porche à deux ouvertures arquées en fer à cheval
et surmontées de trois petites coupoles donne accès dans une nef
unique, ayant une abside au fond du chœur et deux absides en
regard en forme de transept. Le mur de la façade, percé d'une
fenêtre géminée, s'effile en ogive très-brusquée à la base. Un pied-
droit assujetti en saillie au-dessus de la toiture, monte et franchit
le faitage pour élever au-dessus de la toiture la statue de la Vierge-
mère. Chaque angle de la façade est flanqué d'une tourelle qui
s'ouvre au niveau du chêneau, afin de laisser voir une statue entourée de colonnettes portant de petites calottes de coupoles fer-
mées. Le toit se courbe en dos d'âne.

« Au centre du raccordement de la nef et des absides se dresse
le tambour d'une grande coupole percée comme les absides d'un
rang de fenêtres espacées et abritées par un ornement fort saillant qui rappelle un peu, dans ses détails, les dais dont les statues
sont surmontées à la fin de la période romane et pendant la période ogivale ; ces dais se touchant tous ici et n'ayant leurs pignons
séparés que par des boules de cristal.

« Plus haut, la calotte fuit en pointe et s'enoure à moitié hauteur d'une première ceinture de lys : couronne de la virginité de
Marie ; plus haut, une couronne formée de roses symbolise sa
maternité ; au sommet, une couronne d'étoiles représente sa
royauté. Enfin un bouquet de branchages forgés enveloppant
une croix légère et très-élancée, surmonte l'édifice dont la sil-
houette générale est pleine de charme et de variété. Aux angles
du mur de la façade et des absides, cette large et haute excrois-
sance de la coupole s'appuie sur de robustes contreforts terminés

par une arcature aveugle portant une statue d'ange aux deux ailes redressées en pointe. Le faîtage de la nef est crêté de découpures.

« Des cordons d'imbrications ou d'assises nuancées varient à l'extérieur l'uniformité des murs blancs. Les fenêtres des absides comme celles de la grande coupole sont garanties par un ornement saillant qui contourne cette partie de l'édifice et lui donne du relief. L'ouverture centrale du porche est occupée par une chaire élégamment profilée en encorbellement d'où l'on pourra, aux jours d'affluence, prêcher à la multitude le sermon sur la montagne. En Europe, on en voit de pareilles attachées aux flancs d'anciennes églises, pour répondre au même besoin. Les quatre pieds-droits du porche porteront chacun, sur leur face antérieure, la statue d'un des principaux rédempteurs : Jean de Matha, Félix de Valois, Raymond de Pegnafort et Pierre Nolasque.

« Les calottes des coupoles grandes et petites affectent la forme ovoïdale qui rompt heureusement avec la forme aplatie, épatée du dôme mauresque. En arrière de la coupole s'élèvera le campanile d'où partiront, comme des cris perpétuels de victoire, les sons d'une belle cloche de Sébastopol, acccordée à Mgr l'Évêque d'Alger par M. le Maréchal Vaillant. Une croix également venue de Sébastopol, dominera ce minaret chrétien.

« Tel est le monument gracieux qui sera élevé à l'entrée de la vallée des Consuls, sur un promontoire qui domine Alger la guerrière, la grande mer et les délicieux contours du rivage de ces mêmes lieux où les pirates épiaient les bâtiments de commerce dont ils convoitaient la prise ; de ces mêmes plages où une poignée d'écumeurs de mer a trafiqué pendant des siècles des angoisses et des larmes des chrétiens, jusqu'à ce que Charles X envoyât une vaillante armée pour la forcer dans son repaire. A ceux qui en connaissent le projet séduisant, le temps paraîtra long jusqu'à ce qu'ils voient scintiller aux rayons du soleil d'Afrique les dorures de la vaste couronne de bronze, qui doit ceindre le faîte du monument, et les boules de cristal qui perleront sur le fond des hautes et profondes ciselures de ce diadème vraiment royal. »

Chapelle provisoire

Nous n'avons pas à vous parler de la chapelle provisoire, au point de vue de l'art, quoiqu'elle soit d'une grâce parfaite ; mais nous n'hésiterons pas à vous dire qu'elle est devenue pour nous un grand argument de succès. Bénite seulement par nous, le 20 septembre 1857, en présence du clergé de l'Agérie, réuni en retraite ecclésiastique, elle n'a cessé d'être le rendez-vous de la confiance populaire. Tous les jours, de pieuses collectes y attestent la générosité du pauvre et du riche, des grâces mervilleuses y rappellent la puissante intervention de Marie, et déjà les *ex-voto* de la reconnaissance embellissent son autel [1]. Doux présages qui viennent ajouter à notre ferme résolution une force toute nouvelle en nous prouvant que, dans l'exécution de ce projet, nous ne suivons pas une vaine fantaisie, mais que nous répondons à l'inspiration du ciel !

Dépense présumée du projet de la Chapelle définitive

Quelle sera la dépense présumée de la construction définitive ? Si nous eussions osé nous reporter aux époques de foi dont nous parlions tout-à-l'heure , nous n'aurions pas redouté de proposer un chiffre de plusieurs millions ; mais nous devions prendre nos temps comme ils sont, et ne pas effrayer la piété elle-même par des plans gigantesques. La Commission s'est donc bornée, dans les conditions générales de son programme, au chiffre de 250 mille à 300 mille francs [2]; *maximum* de rigueur pour la dépense

---

[1] La statue de la Sainte-Vierge, qu'on vénère actuellement dans la chapelle provisoire, sous le vocable de *Virgo fidelis*, a été donnée à Mgr Dupuch, en 1840, par les Enfants de Marie, du Sacré-Cœur, à Lyon. Déposée, penpant quelques années à la Trappe de Staouëli, elle a été rendue à sa destination primitive.

[2] La souscription ouverte en faveur de la statue de Notre-Dame de France (au Puy) s'est élevée à 241,649 fr. 7! c. (*Univers*, 4 août. 1859.)

du grand œuvre. Resteront la décoration intérieure de la nef, des chapelles et de la coupole, les autels, les peintures, les statues, les ornements, les vases sacrés, le mobilier de la sacristie, le campanile, la maison des chapelains, une galerie semi-circulaire en avant du portique, et enfin une série de stations où seront représentées, sur des bas-reliefs de marbre, les principales gloires de Marie ; partant du pied de la colline, ces stations se dérouleront, comme une longue avenue de confiance et d'amour, jusqu'à l'entrée de l'édifice. Vous le comprenez, de pareils détails ne pouvaient être, dès maintenant, l'objet d'un vote ou même celui d'une sérieuse appréciation ; l'avenir seul, et probablement un lointain avenir, peut avoir à s'en occuper.

En effet, un projet de cette importance, s'il répond à la grandeur des motifs qui l'inspirent, ne saurait être réalisé qu'après de grands sacrifices et que dans un espace considérable de temps. L'impatience de la dévotion le voudrait voir promptement arriver à son terme ; mais la sagesse commande, ici plus qu'ailleurs, d'agir avec toute réserve. Cette réserve a été strictement observée jusqu'à ce jour, et cependant quels progrès n'a pas déjà faits notre œuvre, puisque Nous commençons à couvrir ses murailles et à poser les fondements de sa coupole.

Nous ne nous dissimulons pas que la prudence peut écarter le danger d'une ruine, mais que le zèle seul crée les ressources. Le zèle, nous ne sommes pas seuls à le sentir bouillonner dans notre âme. De tous côtés notre projet reçoit, après quelques oppositions ou plutôt après quelques appréhensions d'insuccès, les acclamations les plus vives et les plus touchants encouragements. Un bref de Notre Saint Père le Pape est venu, comme une bénédiction du ciel, redoubler, en le justifiant, l'élan de la Commission. Sa Majesté l'Empereur a daigné s'inscrire en tête de nos listes de souscription, et nous ne désespérons pas que d'augustes munificences ne nous viennent en aide, de chaque nation affranchie de l'esclavage et du tribut par la conquête. L'Armée ne verra pas d'un œil indifférent un trophée appelé à conserver une de

ses gloires les plus nobles et les plus fécondes. La Marine se sou-
viendra que cette gloire lui est commune avec l'armée. Le Commerce comprendra que cette œuvre de gratitude est aussi la
sienne. Et tout ce littoral de l'Océan, de la Méditerrannée et de
l'Adriatique a qui nous avons rendu la sécurité perdue depuis
tant de siècles, et le clergé qu'on trouve toujours le premier
dans les œuvres de zèle, et les congrégations qui placent à la
tête de leurs plus chères dévotions le culte de la sainte Vierge,
et le riche et le pauvre, et l'enfant et le vieillard voudront
mêler leur offrande à la nôtre ; et de tous ces petits ruisseaux
se formera un grand fleuve, où la main de la Commission
viendra puiser les ressources nécessaires à l'achèvement de
l'édifice.

Pour nous, à qui Dieu a daigné inspirér ce pieux dessein, nous
nous y livrons tout entier ; nous lui consacrerons, jusqu'à la fin
de notre épiscopat, tout ce que les besoins de notre diocèse et les
soins de la charité n'auront pas absorbé de nos ressources
personnelles. Nous dévouons à sa réalisation nos forces , notre
parole, les industries de notre zèle ou pour mieux dire, notre vie.
Nous avons dit à Marie : inspirez-nous ce que demande le succès;
nous ne reculerons devant aucun obstacle, devant aucun sacrifice ; dussions-nous, le bâton de voyageur à la main et le sac du
mendiant sur l'épaule, parcourir l'univers, comme Nous avons
déjà parcouru quelques villes de France, et comme Nous Nous
proposons de les parcourir toutes, notre dévouement ne se dé-
mentira jamais. Appuyé sur une commission qui ne compte dans
son sein que des hommes d'élite, aidé par le zèle industrieux des
dames patronesses, qui nous prêtent partout leurs concours, et
secondé par un artiste aussi habile que modeste, Nous poursui-
vons activement notre tâche avec l'espoir fondé de la terminer
d'ici à quelques années. S'il plaisait à Dieu de disposer de Nous
avant la fin des travaux, Nous en lèguerions, avec confiance, la
suite à notre successeur, et, de quelque lieu qu'il plût à la mort
de nous frapper, nous tournerions nos regards vers la colline
choisie comme assise de la chapelle, et quand Nous aurions

dit : « Notre-Dame-d'Afrique priez pour moi ! » nous mourrions satisfait.

Alger, le 21 février 1863, en la fête de la Présentation de Notre-Dame.

† LOUIS-ANTOINE-AUGUSTIN PAVIE,

Évêque d'Alger.

ADHÉSION DE LA COMMISSION

A LA 3ᵉ ÉDITION DE L'APPEL.

La Commission instituée pour l'établissement de la chapelle de Notre-Dame-d'Afrique, après avoir entendu la lecture de l'*Appel* rédigé par Mgr l'Évêque d'Alger, remercie sa Grandeur de son éloquent travail, et donne son adhésion la plus entière aux sentiments qui y sont exprimés.

La Commission a le plus vif espoir que cet *Appel* trouvera de l'écho dans les cœurs qui unissent, avec raison, par une même pensée, les intérêts de la civilisation à ceux de la Chrétienté.

Délibéré à Alger, le 10 janvier 1863.

Le Président de la Commission,

PIERREY ✳,

Procureur-général près la Cour impériale d'Alger.

Le secrétaire,

JOURNÈS,

Avocat-défenseur près la cour impériale d'Alger.

AVIS.

Les personnes qui voudraient concourir à l'érection de la Chapelle de Notre-Dame-d'Afrique peuvent adresser directement leur offrande à Mgr l'évêque d'Alger, au Secrétariat de chaque Évêché de France, aux Dames patronesses établies dans chaque grande ville, ou bien aux Communautés religieuses ayant des rapports avec l'Algérie.

ABBEVILLE. — IMPRIMERIE P. BRIEZ